The Open University

centre for
**MODERN
LANGUAGES**

MISES AU
POINT

La culture dans tous ses états

SILENCE
ON TOURNE
PAS ROND

La culture dans tous ses états

Core course team

Graham Bishop (course team member)
Ann Breeds (course team secretary)
Bernard Haezewindt (course team member)
Xavière Hassan (course team member)
Elaine Haviland (editor)
Stella Hurd (course team chair)
Marie-Noëlle Lamy (course team chair/book co-ordinator/author)
Ruth McCracken (course manager)
Hélène Mulphin (course team member)
Liz Rabone (editor)
Christine Sadler (course team secretary)
Hugh Starkey (reading member)

Course production team

Marie Blackwell (print buying co-ordinator)
Ruth Burgess (project controller)
Ann Carter (print buying controller)
Joan Carty (research librarian)
Alison Cunningham (project controller)
Jonathan Davies (design group co-ordinator)
Janis Gilbert (graphic artist)
Pam Higgins (designer)
Mike Levers (photographer)

BBC production team

Nadia Bouzidi (video and series producer)
Jacqui Charlston (production assistant)
Matt Jones (production assistant)
Kevin Le Gendre (audio producer)
Penny Vine (video and audio producer)

External assessor

Bob Powell, Language Centre, University of Warwick

Consultants and advisors

Martyn Bird (consultant author)
Chloe Gallien (critical reader)
Jacqueline Gibson (consultant author)
Jenny Ollerenshaw (critical reader)
Peter Read (critical reader)
Valérie Stylianou-Worth (consultant author)
Sue Wright (syllabus advisor)

With grateful thanks to Hélène Mulphin, for additional photographs

The Open University, Walton Hall, Milton Keynes MK7 6AA

First published 1997. Reprinted 1998, 2002, 2003

Copyright © 1997 The Open University

Edited, designed and typeset by the Open University.

Printed in Great Britain by Scotprint

ISBN 0 7492 7614 2

This text forms part of an Open University course, L210 *Mises au point*. The complete list of texts which make up this course can be found at the back of this book. Details of this and other Open University courses can be obtained from the Course Reservations Centre, P.O. Box 724, The Open University, Milton Keynes MK7 6ZS, United Kingdom: tel. (00 44) 1908 653231.

For availability of this or other course components, contact Open University Worldwide Ltd, The Berrill Building, Walton Hall, Milton Keynes MK7 6AA, United Kingdom: tel. (00 44) 1908 858585, fax (00 44) 1908 858787, e-mail ouwenq@open.ac.uk

Alternatively, much useful course information can be obtained from the Open University's website http://www.open.ac.uk

1.4
L210-L512mises4i1.4

Table des matières

Ce livre est accompagné:

- D'une vidéo.

- D'un Document sonore. Il s'agit d'une cassette audio comportant un reportage relié au thème du livre. À chaque fois que l'on vous demandera d'utiliser cette cassette, vous verrez dans le livre la mention 'AUDIO DS'.

- D'une Cassette d'activités, comportant des exercices numérotés (signalés dans le livre par la mention 'AUDIO 1', 'AUDIO 2', etc.).

- D'un Livret de transcriptions, comportant introduction thématique, guide d'écoute du Document sonore et transcriptions intégrales des cassettes audio-visuelles.

- D'un Guide grammatical et stylistique, contenant activités et explications reliées à l'objectif linguistique principal du livre.

Les ouvrages complémentaires nécessaires à l'étude de ce livre sont les suivants:

THOMAS, G. (ed.) (1996) *Francothèque: a resource for French studies*, London, Hodder & Stoughton in association with the Open University (Course Reader).

Cet ouvrage est désigné dans le texte de votre manuel soit par son titre, soit par l'appellation 'Anthologie'.

MICHAUD, G. and KIMMEL, A. (1994) *Le nouveau guide France*, Paris, Hachette.

Collins Robert French dictionary (1993) London, Harper Collins.

Le petit Larousse illustré (1995) Paris, Larousse.

Harrap's French Grammar (1992) Edinburgh, Harraps Books.

Explication des symboles

Dictionnaire (monolingue ou bilingue)

Le nouveau guide France

Grammaire

Introduction

Un grand hebdomadaire français, *Le Nouvel Observateur*, publiait naguère une longue enquête sur le rayonnement culturel de la France. Intitulée 'Ces Français que le monde nous envie', elle faisait une mise au point sur 'l'état' de la culture française dans les toutes dernières années du XXème siècle, ce qui nécessitait de parler de 'l'État' et de la culture française, puisque c'est l'intervention de celui-ci dans le domaine de la culture qui est diversement considérée, en France et à l'étranger, comme dynamisante ou étouffante. La culture dans tous ses 'états', voici donc le thème de ce livre.

Dans ce vaste thème, nous avons d'abord choisi un art visuel, mineur, semblait-il à l'origine, qui a suscité énormément d'intérêt de la part de l'État français dès le début des années quatre-vingt: la bande dessinée. La vidéo 'Tintin et Le Cheval Sans Tête' vous montrera quelques-unes des meilleures réalisations de cette forme d'expression. En étudiant la première section, vous verrez quelles ont été les conséquences indirectes de la sollicitude de l'État pour la bande dessinée, et comment elle se porte, économiquement parlant.

La deuxième section de ce livre illustre de façon plus directe ce que peut faire un gouvernement lorsqu'il s'adresse à l'imagination de ses électeurs. Impulsée par un ministre de la Culture en 1982, la Fête de la musique est aujourd'hui une 'tradition' populaire nationale, et commence même à s'exporter. Le Document sonore 'Faites de la musique!' vous emmènera passer une soirée de Fête de la musique à Rennes, et vous permettra de voir dans quelle mesure une manifestation culturelle parrainée par l'État peut rester spontanée.

La troisième section explore, de façon plus générale, la place de la culture en France et les rapports des artistes français avec l'État pendant la deuxième moitié du XXème siècle. En prenant appui sur des réalisations parfois contestées (par exemple les subventions à diverses formes de culture populaire, mais aussi les grands projets de l'ère mitterrandienne), les textes du chapitre 4 de *Francothèque* que nous avons sélectionnés vous permettront de survoler le paysage culturel français contemporain, et de voir ce qui en fait la force et la faiblesse.

1 Tintin et Le Cheval Sans Tête

Zap! Pliiiinngg! Bang! Wouaah, Tûût! Nous voici dans le monde des albums illustrés, des enfants à plat ventre sur un lit, absorbés par la lecture d'aventures irréelles, pleines de lointains pays, de personnages comiques, d'animaux magiques ou de héros volants. Des images simplettes, direz-vous peut-être, tout juste bonnes à amuser les jeunes, mais peu dignes d'intérêt pour des lecteurs qui ont passé l'âge scolaire. Or la section que vous allez étudier maintenant a pour ambition de montrer que l'histoire en images, autrement dit la 'bande dessinée', ou encore la 'BD', est en France comme dans d'autres pays européens une forme artistique et littéraire reconnue de publics très nombreux et très divers – enfants, adolescents ou adultes – qui l'aiment parfois jusqu'à la passion pour la variété de ses textes, la richesse de ses dessins, et l'incessante créativité des artistes qui la produisent. Tel est son prestige que certains l'appellent même le 'neuvième art', après le septième (le cinéma) et le huitième (la télévision).

Un sondage publié en 1995 montrait que près d'un Français sur deux possède au moins une BD chez lui, que 22% des Français de plus de quatorze ans en lisent au moins une par mois. Le lecteur (ou la lectrice) typique est décrit comme 'gros consommateur culturel' s'intéressant à toutes sortes d'autres publications et fréquentant expositions et librairies. Comme vous allez le découvrir, la BD constitue aussi un énorme marché, avec en moyenne 500 nouveaux titres par an.

Des *Aventures de Tintin*, connues de tous les francophones et éditées dans des dizaines de langues, jusqu'au *Cheval Sans Tête*, jeune revue de BD expérimentale, en passant par le musée que l'État français a édifié à Angoulême à la gloire de cette forme d'expression, cette section vous présente la BD francophone sous toutes ses formes, artistiques, sociologiques et commerciales.

D'entrée de jeu

Pour commencer, une petite réflexion sur votre expérience personnelle de la bande dessinée.

Activité 1

1   Tout d'abord, regardez les héros de BD ci-dessous.

© 1996 Les Éditions Albert René/Goscinny-Uderzo. *Le cadeau de César*, Dargaud
(i)

Reproduced by kind permission © 1996 Mirror Group Newspapers
(ii)

PEANUTS Character: Charlie Brown © 1950 United Feature Syndicate, Inc.
(iii)

© Hergé/Moulinsart 1996
(iv)

TM & © 1996 D.C. Comics
(v)

(a) Si vous reconnaissez l'un d'entre eux, dites dans quel pays la BD dont il est le héros est produite. Sinon, consultez le corrigé pour trouver leur nom, puis cherchez dans votre dictionnaire monolingue des renseignements les concernant.

(b) Notez brièvement en anglais ce que vous savez sur l'un de ces héros, y compris ce que vous savez du personnage, son apparence physique, ses habitudes, ses compagnons préférés, ses ennemis, ses qualités, ses défauts, les expressions dont il se sert souvent.

2   Répondez par quatre ou cinq lignes en français soit à (a), soit à (b).

(a) Avez-vous lu récemment une BD? Laquelle?

(b) Vous n'aimez pas beaucoup la BD? Pourquoi?

Dans le vif du sujet

Voici la première BD que vous allez étudier dans cette section. C'est ce qu'on appelle une 'histoire sans paroles', racontée en dix petits tableaux, que l'on nomme 'cases'. Suivons donc, case par case, cette aventure d'un shérif qui n'arrive pas à dormir.

Activité 2

1   Parcourez la BD suivante.

2   Remettez les phrases qui suivent dans le bon ordre, de façon à obtenir une description chronologique de l'histoire que vous venez de regarder.

(a) Le poisson rouge dort encore tandis que le shérif, excédé, commence à s'habiller.

(b) Le shérif va cogner à la porte de son voisin.

(c) Chez le shérif, le chat et le poisson rouge dorment profondément. Mais pas le shérif!

(d) Furieux, il traverse la campagne, où même les vaches dorment dans les prés.

(e) Le voisin, à moitié endormi, lui ouvre la porte.

(f) Il zigzague, groggy, avec une grosse bosse sur le crâne.

(g) Tous, homme et bêtes, trouvent le sommeil.

(h) Il provoque le voisin en lui faisant des grimaces et un pied de nez.

(i) Le shérif se déshabille, passablement étourdi.

(j) Celui-ci lui assène un bon coup de poing sur la tête.

Pour faire un point rapide sur la BD, reportez-vous au *Nouveau guide France*, qui sert de base à l'activité suivante.

Activité 3

Sans l'aide de dictionnaires, lisez à la page 211 du *Nouveau guide France* le paragraphe 'La bande dessinée' et répondez par écrit en français aux questions ci-dessous. Une ou deux phrases suffiront. Pour la deuxième question, contentez-vous de choisir la bonne réponse.

1   Que dit le texte sur les origines de la bande dessinée?

2   Regardez ci-dessous les noms de plusieurs héros de BD, puis indiquez:

   (a)   ceux dont le nom est fondé sur une allitération (une répétition de sons); et

   (b)   ceux qui portent un nom fondé sur un jeu de mots symbolisant leur caractère ou leur personnalité. Pour ces derniers, essayez de deviner le trait de caractère symbolisé.

   La Famille Fenouillard

   Le Sapeur Camembert

   Le Savant Cosinus

   Bécassine

   Bibi Fricotin

   Lucky Luke

   Gaston Lagaffe

3   Quel est selon Michel Pierre l'avantage de la BD sur le cinéma ou la télévision?

4   Vers quelle date est apparue la BD francophone?

En suivant les activités qui vous sont proposées ci-dessous, vous allez aborder la vidéo 'Tintin et Le Cheval Sans Tête' thème par thème. Les principaux interviewés s'expriment clairement, quoiqu'assez rapidement. Travaillez le plus possible sans la transcription, et n'ayez recours à celle-ci que si vraiment vous éprouvez des difficultés à comprendre. Nous vous donnons ci-dessous quelques points de repère. Ils vous permettront de revenir puiser aux sources de la vidéo selon le temps dont vous disposerez, soit maintenant, soit plus tard.

Guide de la vidéo

Deux spécialistes du neuvième art, Benoît Peeters, qui est auteur de BD, et Thierry Groensteen, qui est directeur du Centre national de la bande dessinée, nous font découvrir:

*   le Centre national de la bande dessinée à Angoulême (00:39–02:30);

*   l'ancêtre de la BD, Rodolphe Töpffer (02:31–03:37);

*   le père de Tintin, Hergé, et son graphisme de virtuose (03:54 –07:51);

*   les aspects dynamiques, presque cinématographiques de la BD, avec des créateurs contemporains comme Bilal, Del Barrio, Peeters ou Baudoin (07:52–13:29);

*   la grande BD populaire, et l'utilisation qu'elle fait du langage (*Astérix*, *Tintin*) (13:30–15:49);

*   l'évolution de la BD: BD pour étudiants (*Pilote*), celle qui fait rire les adultes (*Astérix*) et celle qui séduit les amateurs d'art, de littérature et de poésie (Bilal, Baudoin, la BD autobiographique) (15:50–18:34);

*   le parcours commercial de la BD, qui passe au cours de la fin du XXème siècle, du journal à l'album sur papier glacé – et qui entraîne avec elle d'énormes bénéfices pour les grands éditeurs (18:35–19:12);

*   la BD expérimentale, qui permet aux jeunes créateurs de s'exprimer même s'ils n'ont pas accès aux grandes maisons d'édition (19:13–23:01).

Vous allez maintenant étudier certaines séquences vidéo choisies parmi les grands thèmes dégagés précédemment. Chacune des sept activités qui suivent va vous référer à l'un de ces thèmes, à commencer par la première séquence, sur le Centre national de la bande dessinée d'Angoulême.

Activité 4   VIDÉO

Vous êtes journaliste à Angoulême. On vous a demandé de bien vouloir lire le reportage suivant et d'y apporter les corrections nécessaires. En effet, le texte ne correspond pas toujours à la réalité.

1   D'abord lisez ce texte.

Ce qui m'a étonné(e) au départ, c'est l'extérieur du bâtiment. L'architecture est plutôt surprenante. C'est un mélange d'ancien et d'antique: le bâtiment d'origine, qui abrite le Centre international de la bande dessinée est en bois. Les murs sont à angles droits. Toutefois, une partie moderne a été rajoutée. Celle-ci est entièrement en plastique gris et a une forme rectangulaire. Quand on pousse la porte d'entrée, en bois sculpté, bien entendu, on se trouve dans un minuscule hall de réception. À l'intérieur du musée, les collections sont disposées de part et d'autres d'allées fortement éclairées car il faut bien protéger les planches originales des méfaits de la lumière. Chaque section est séparée de sa voisine par une sorte de mur à angles droits, sur lequel est disposée une rangée d'ampoules. Dans chaque section se trouvent les vitrines. Celles-ci sont bien éclairées, claires et modernes et mettent en valeur les reproductions qui y sont exposées.

Ce musée raconte l'histoire du septième art et nous fait découvrir une facette de l'art contemporain. Ne manquez pas de le visiter.

2 Maintenant, regardez la séquence de 00:39 à 02:30. Rayez dans le texte ci-dessus ce qui ne correspond pas aux images et indiquez en français la version correcte.

Vous allez maintenant jouer à vrai ou faux sur la seconde séquence, concernant Töpffer.

Activité 5 VIDÉO

1 Lisez tout d'abord les phrases ci-dessous puis regardez la séquence vidéo de 01:23 à 03:38.

	Vrai	Faux
(a) Les premières BD sont apparues à la fin du XIXème siècle.	❑	❑
(b) Töpffer était de nationalité française.	❑	❑
(c) Le musée de la BD a été instauré par Jack Lang.	❑	❑
(d) Töpffer a créé neuf albums.	❑	❑
(e) Töpffer appelait ses albums des 'histoires en estampes'.	❑	❑
(f) Töpffer utilisait les 'bulles' pour indiquer les paroles prononcées.	❑	❑
(g) Dans les œuvres de Töpffer, le texte apparaît au-dessus de l'image.	❑	❑
(h) Töpffer écrit des œuvres satiriques.	❑	❑
(i) Les personnages de Töpffer sont souvent ridicules.	❑	❑
(j) Chez Töpffer, le dessin et le texte se complètent pour former un récit d'aventures.	❑	❑
(k) C'est Hergé qui est considéré comme l'inventeur de la BD.	❑	❑

2 Cochez ci-dessus. Chaque fois qu'une affirmation est fausse, indiquez en français quelle est la version correcte.

Vous allez maintenant considérer la séquence concernant Tintin.

Activité 6 VIDÉO

1 Regardez une seule fois, sans rien noter, la séquence vidéo de 03:54 à 07:51.

2 Dans chacune des transcriptions partielles ci-dessous, deux options vous sont proposées. Cochez la bonne, sans revisionner la séquence. Pour ce faire, vous pouvez faire appel à votre mémoire, ou bien à votre sens de la logique. Chacune des transcriptions incomplètes contient un indice, qui vous aidera à choisir l'expression à cocher. À vous de retrouver ce que disent Thierry Groensteen et Benoît Peeters:

(a) À propos de la carrière de l'autodidacte Hergé:

… la première chose qui frappe quand on considère rétrospectivement son travail, c'est l'extraordinaire . . . . En l'espace de cinq ans, entre 1929 et 1934 – qui est l'année du *Lotus bleu*, le premier véritable chef-d'œuvre d'Hergé – Hergé a tout compris de la bande dessinée, il a tout inventé ou réinventé.

(i) agilité de son trait, de son image ☐

(ii) rapidité de ses progrès, de son apprentissage ☐

(b) Sur l'art artisanal d'Hergé:

Si vous prenez même une page d'Hergé, une page des *Aventures de Tintin*, bon, c'est une bande dessinée d'aventures, bien sûr, c'est une bande dessinée extrêmement accessible, mais en même temps, ...

(i) chaque case est une pe… une petite miniature ☐

(ii) chaque page est une pe… une petite aventure ☐

(c) Comment les critiques désignent le graphisme d'Hergé:

… on utilise l'expression . . . . Qu'est-ce que ça veut dire? D'abord que, effectivement, le dessin d'Hergé sacrifie tout à une exigence qui est celle de la clarté, de la lisibilité.

(i) 'ligne claire' ☐

(ii) 'ligne éclair' ☐

(d) Sur l'une des caractéristiques principales de son dessin:

Seul ce qui est nécessaire pour l'intelligibilité de l'image est représenté. Euh, Hergé . . . . donc les, les formes…

(i) amplifie ☐

(ii) simplifie ☐

(e) Sur sa façon de délimiter chaque forme:

… il les cerne par un trait de contour, ... , euh, et à l'intérieur de ces formes, pratiquement pas de détails, mais une couleur qui vient remplir les formes en aplat, c'est-à-dire qu'il n'y a pas de dégradé, il n'y a pas de modelé, il n'y a pas non plus de nuance dans la couleur.

(i) qui est le même partout, la même épaisseur, sans pleins, sans déliés, sans nuances ☐

(ii) qui change partout, qui a différentes épaisseurs, des pleins, des déliés, des nuances ☐

(f) Et finalement, une comparaison entre le travail d'Hergé et une expression artistique pourtant fort éloignée:

C'est un petit peu la technique du vitrail, avec . . . . . . et les verres colorés à l'intérieur.

(i) le cercle de plomb ☐

(ii) le cerne de plomb ☐

3 Maintenant vérifiez l'exactitude de vos souvenirs ou de vos intuitions en regardant à nouveau la séquence (03:54 à 07:51).

La quatrième partie de 'Tintin et Le Cheval Sans Tête' explique dans quelle mesure la BD peut être considérée comme un art à part entière. On y fait la liste des différentes méthodes utilisées pour intéresser le lecteur à la fois au dessin et au texte.

Activité 7 VIDÉO

1 D'abord, considérons les aspects dynamiques de la BD.

(a) Lisez les trois questions que voici.

(i) Où crée-t-on la surprise entre deux pages qui se suivent?

(ii) Quel est l'effet de l'utilisation de cases horizontales?

(iii) Quel est l'effet de l'utilisation d'images verticales?

(b) Regardez la séquence vidéo de 10:12 à 11:40 puis répondez en français aux trois questions qui précèdent (une phrase par question suffira).

2 Considérons plus particulièrement la technique du dessinateur Baudoin. Regardez la séquence de 11:41 à 13:29. Répondez aux questions suivantes en français. Une phrase suffira pour chaque question.

(a) Que cache la main sur le miroir?

(b) Où apparaît progressivement l'animal?

(c) Quel sentiment crée cette apparition?

(d) Ce sentiment se retrouve-t-il à la fin de la planche?

VOUS
ÊTES UN
SOUILLON!

C'EST UNE
VIELLE
TACHE.

EH BIEN, VOUS ÊTES
UN VIEUX SOUILLON!

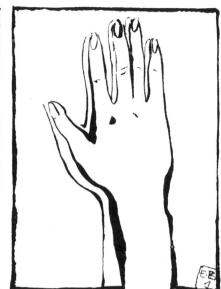

RETIREZ VOTRE MAIN! DIT-IL TOUT À COUP.

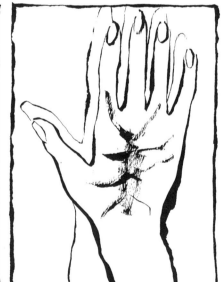

IL LA REPOUSSA. QUELLES MAINS TERRIBLES VOUS AVEZ, DIT-IL ENSUITE. IL SAISIT LA MAIN ET LA
RETOURNA. TOUTE NOIRE DESSUS, BLANCHÂTRE EN DESSOUS, MAIS ENCORE SUFFISAMMENT NOIRE,
ET, IL INTRODUISIT LES DOIGTS DANS SA VASTE MANCHE. VOUS ÊTES MÊME UN PEU POILUE SUR LE BRAS.

IL SE LEVA ET FIT LES CENT PAS DANS LA CHAMBRE. ELLE ÉTAIT TOUJOURS À GENOUX ET CONTEMPLAIT SA MAIN.

FRANZ KAFKA

Activité 8 *VIDÉO*

Regardez la séquence (13:30 à 14:38) concernant l'utilisation du langage par la BD. Parmi les déclarations ci-dessous, certaines résument ce que vous pouvez entendre sur la bande-son, tandis que d'autres sont fausses. Cochez les bonnes et rectifiez en français les déclarations erronées.

		Vrai	Faux
1	La bande dessinée anglophone a les meilleures trouvailles langagières.	❏	❏
2	*Astérix* tire ses effets comiques des verbes réguliers.	❏	❏
3	Le capitaine Haddock utilise 'anthropopithèque' comme insulte.	❏	❏
4	Le capitaine Haddock préfère l'insulte 'éructe'.	❏	❏
5	Tintin est un personnage rabelaisien.	❏	❏
6	Le capitaine Haddock sent le thon.	❏	❏

Activité 9 *VIDÉO*

La séquence suivante (15:50 à 18:34) retrace l'histoire récente de la BD.

1 Étudiez le tableau ci-dessous.

Titre du journal	Année de création	Type de lecteurs
Pilote		
	années soixante	adultes et enfants
divers titres, non cités	récemment	

2 Regardez la séquence vidéo et fournissez l'information manquante.

3 Revoyez cette même séquence en vous concentrant sur ce qui est dit du contenu des BD concernées. Pendant que vous regardez, ou bien après avoir vu la séquence, rayez les réponses incorrectes parmi les options qui suivent.

  (a) *Pilote*

    (i) … met en avant les personnages.

    (ii) … met en avant les dessinateurs et scénaristes.

  (b) *Astérix*

    (i) … retrace l'histoire de la guerre d'Algérie.

    (ii) … fait de l'humour au second degré.

  (c) Les BD récentes

    (i) … élargissent le champ de la BD aux reportages et autobiographies.

    (ii) … ne s'adressent plus qu'aux jeunes.

Nous voici à la fin de la vidéo et vous allez regarder la séquence sur la BD expérimentale. Deux jeunes auteurs-éditeurs, Olivier Marbœuf et Yvan Alagbé, filmés dans un café parisien, nous parlent des nouvelles créations dans le domaine de la BD.

Activité 10 *VIDÉO*

Regardez la séquence de 19:57 à 23:01 tout en cochant au fur et à mesure l'expression qui complète correctement chacune des déclarations que voici.

1 Yvan et Olivier se sont rencontrés pour la première fois:

  (a) au café ❏

  (b) à la faculté des sciences ❏

  (c) chez un éditeur ❏

2 La 'partie de ping-pong' dont parle Olivier, c'est:

  (a) un type de sport ❏

  (b) une BD japonaise ❏

  (c) une façon de travailler ensemble ❏

3 Selon eux, la BD novatrice se caractérise par:

   (a) une absence de limites   ❑

   (b) une auto-censure   ❑

   (c) une spécificité du marché pour les enfants   ❑

4 *Le Cheval Sans Tête*, c'est:

   (a) le nom d'une boîte de nuit   ❑

   (b) une revue trimestrielle de BD   ❑

   (c) le titre d'un album de BD   ❑

5 Les auteurs publiés par 'Amok':

   (a) ont une identité forte et créent des œuvres distinctives   ❑

   (b) s'intéressent tous à la mythologie grecque et aux traditions   ❑

   (c) dessinent des œuvres en noir et blanc et non en couleurs   ❑

Dossier ◄ ◄ ◄

Maintenant que vous avez étudié la vidéo dans sa totalité, remarquez la façon dont les différents thèmes sont abordés: aucune cassure n'apparaît et pourtant il y a un plan précis et une progression dans les idées, qui sont illustrées par des exemples. Souvenez-vous d'utiliser vous-même cette technique dans vos devoirs écrits et oraux. Pour chaque devoir, notez d'abord sur un brouillon:

- votre plan;

- la progression de l'argumentation (appelée aussi 'l'argumentaire');

- au moins un exemple précis par argument développé;

- le mot charnière ou la formule qui va mettre en valeur chaque argument.

De même que nous n'avons commencé à filmer 'Tintin et Le Cheval Sans Tête' qu'après avoir planifié notre sujet, de même, ne commencez à rédiger, ou à parler, que lorsque tout ce travail préparatoire est en place. Vous pouvez utiliser votre dossier à cet effet. Ceci aura le double avantage de vous aider ultérieurement à reviser vos notes.

◄ ◄ ◄

Élargir votre vocabulaire: les familles de mots (1)

Dans la vidéo, Thierry et Benoît utilisent tout un vocabulaire descriptif et analytique. Vous allez prendre nos deux spécialistes comme modèles et apprendre comment élargir votre vocabulaire en faisant connaissance avec les familles de mots. Vous avez peut-être déjà vu que les parties des mots ont une signification: la partie centrale, ou **racine**, donne beaucoup de sens au mot, mais les autres parties, **préfixes** et **suffixes**, ajoutent chacune un peu de signification à l'ensemble. Prenez l'exemple du mot 'découpage', que vous avez entendu lorsque Thierry parlait d'Hergé:

dé - coup - age

'dé-' est le préfixe, qui indique qu'on **enlève** quelque chose

'-coup-' est la racine, qui veut dire **séparation, morcellement** (*cut, cutting*)

'-age' est le suffixe, et réfère à une **action**

Le 'dé - coup - age' d'une histoire est donc l'**action** de l'auteur, qui a **séparé** les **morceaux** de l'histoire les uns des autres, pour la raconter de façon attrayante et intelligible.

D'autres combinaisons sont possibles. Voici quelques exemples qui utilisent la même racine:

dé**coup**age

dé**coup**ure

dé**coup**er

re**coup**ement

re**coup**er

Cependant il n'est pas possible de prédire comment une racine va être complétée: la langue n'est pas systématique, et certaines familles ont plus ou moins d'enfants (c'est-à-dire de préfixes et de suffixes). Mais chaque membre de la famille a un sens, et c'est en vous familiarisant avec ces sens que vous réussirez de mieux en mieux à deviner correctement la signification de mots nouveaux. Voyons maintenant ce que les préfixes et les suffixes révèlent quant au sens des mots qu'ils forment.

Les préfixes 'dé-', 're-' et 'entre-'

Dans l'ensemble, ces préfixes se laissent facilement deviner: leur sens est reconnaissable car il est souvent le même en anglais et en français, comme on le voit dans le tableau ci-dessous.

Le suffixe '-ure'

Dans 'une découpure', le suffixe '-ure' représente le résultat d'une action. Voici d'autres exemples: 'une brûlure' (*a burn*) du verbe 'brûler', 'une rayure' (*a*

Préfixe	Sens habituel	Exemples dérivés de 'couper'	Autres exemples	Exemples anglais
'dé-' (anglais *de-* or *dis-*)	exprime la séparation	*découper* to cut off (a slice of meat), to cut out (an article from a newspaper) *un découpage* the way things are cut up, a cutting		
	exprime l'idée que quelque chose ne va pas		*désagréable* *dément* *démanteler*	**dis**ageeable **de**mented to **dis**mantle
're-,' 'ré-' (anglais *re-*)	exprime l'idée qu'une action est faite plusieurs fois	*des alibis qui se recoupent* alibis that match, i.e. in which the same facts are repeated	*refaire* *une répétition* *remplacer*	to **re**do a **re**petition (a **re**hearsal) to **re**place
'entre-' (anglais *inter-*)	exprime l'interaction	*entrecouper une histoire de chansons* to intersperse a story with songs *entrecouper un discours d'anecdotes* to sprinkle anecdotes throughout a speech	*une entrevue*	an **inter**view

13

stripe, a scratch) du verbe 'rayer', 'une moisissure' (*a patch of mould*) du verbe 'moisir'. Ce suffixe se réfère aussi à l'instrument d'une action ou à l'action elle-même, comme dans 'la fermeture', nom dérivé de 'fermer', qui peut être 'l'action de fermer' (un magasin, un bureau), ou bien 'l'instrument par lequel on ferme' (un vêtement, un sac), en anglais *a zip, a fastener*.

Les suffixes '-é', '-té', '-eté' et '-ité'

Thierry nous dit que:

> ... *le dessin d'Hergé sacrifie tout à une exigence qui est celle de la clar**té**, de la lisibil**ité**.*
> ... in his choice of style, Hergé gives absolute priority to high standards of clarity and legibility.

En général, les liens de famille qui unissent des noms comme clarté ou lisibilité aux adjectifs correspondants sont évidents lorsque vous lisez les définitions des dictionnaires. Par exemple, 'clarté' est donné comme 'caractère de ce qui est **clair**', 'lisibilité' 'caractère de ce qui est **lisible**', et ainsi de suite. Quand vous rencontrez un nom en '-é', '-té', '-eté' ou '-ité', associez-le à l'adjectif qui lui correspond. Pour ce faire, regardez sa racine: à elle seule, elle peut vous révéler le sens du nom et vous éviter de consulter le dictionnaire. Par exemple, 'sainteté' a pour racine 'saint(e)', et veut donc dire 'caractère de ce qui est saint', ce qui vous permet de deviner sa traduction anglaise, *sanctity, holiness*. Si la racine elle-même vous est inconnue, rien ne vous empêche de chercher le nom ainsi que l'adjectif dans le dictionnaire, et de les noter tous les deux. Grâce à cette technique, vous apprendrez deux mots pour le prix d'un seul!

Les suffixes '-ion', '-sion', '-tion' et '-ation'

En parlant du style d'Hergé, Thierry nous a déclaré:

> *Ça passe par une épuration de l'image.*
> It involves making the drawing as pure as possible.

Les suffixes '-ion', '-sion', '-tion' et '-ation' indiquent souvent soit une action, soit le résultat d'une action. Beaucoup de mots suffixés en '-ion', '-sion', '-tion' et '-ation' ont dans leur famille un verbe en '-er'. Là encore, les définitions des dictionnaires mettent en rapport les divers membres de la famille: 'l'épuration', c'est 'l'action d'épurer', 'l'insertion' c'est 'l'action d'insérer', 'l'agitation' veut dire 'l'action d'agiter', ou de 's'agiter', 'la convocation' se réfère à 'l'action de convoquer' et ainsi de suite.

Voici, pour vous mettre sur la bonne voie, une activité basée sur le vocabulaire de Thierry et de Benoît.

Activité 11

1   **D** Pour chacun des deux verbes entre parenthèses ci-dessous, trouvez dans le dictionnaire un nom de la même famille.

   (a) Hergé (simplifie) donc les formes.

   (b) Et il a (codifié) un certain nombre de choses.

2   Dans le passage qui suit, remplacez chacune des expressions entre parenthèses par une expression contenant un nom en '-ion', en conservant le reste du texte intact. Vous devrez faire certaines adaptations et ajouter prépositions, articles ou verbes selon le besoin.

> C'est (en juxtaposant) différentes techniques (narratives) que l'auteur de BD crée un univers plein de mouvement et de vie. Il peut par exemple ménager un suspense en bas d'une page à droite, et (révéler quelque chose) en haut de la page suivante. Il peut aussi créer certains effets dramatiques (en associant des) cases verticales avec des cases horizontales.

3   En utilisant le dictionnaire si vous le souhaitez, associez à chacun des termes donnés un nom de la même famille, soit en '-ure' soit en '-té'.

   (a) rapide

   (b) régulier

   (c) identique

   (d) unir

   (e) écrire

   (f) peindre

   (g) graver

   (h) lire

Boîte à idées

Pour maîtriser le vocabulaire appris plus haut et diversifier votre style, faites souvent l'exercice suivant: lorsque vous avez fini de rédiger un texte, relisez-le pour vérifier si vous avez utilisé beaucoup de verbes. Si oui, demandez-vous si vous ne pourriez pas en changer certains et mettre des noms en '-ion' à leur place.

Élargir votre vocabulaire: les familles de mots (2)

Le suffixe '-(e)ment' chez les adverbes

Vous trouvez le suffixe '-(e)ment' dans des noms comme 'le mouvement', 'le changement', mais aussi dans des adverbes. Dans la vidéo, vous avez entendu ces deux exemples:

> … ***progressivement***, il épurait, pour ***finalement*** utiliser le calque…
> … **gradually**, he purified his style, **finally** ending up tracing…

> *Et Hergé, qui est **complètement** autodidacte, euh, crée un personnage dont il n'imagine pas qu'il aura **forcément** des lendemains, euh, importants.*
> And Hergé, who was **totally** self-taught, created a character never imagining that it would **necessarily** have any sort of a future.

Il est relativement facile de former ces adverbes (si vous avez des doutes, regardez votre Grammaire pp. 47–8). Souvent, ils ont la même apparence en français et en anglais, ce qui peut vous pousser à n'utiliser que ceux qui vous sont familiers (par exemple *necessarily*, nécessairement). Pensez cependant que plus vous introduirez de diversité dans vos adverbes ('forcément' au lieu de 'nécessairement', 'véritablement' à la place de 'vraiment', 'progressivement' ou 'insensiblement' plutôt que 'graduellement') plus votre style s'enrichira.

L'activité suivante va vous faire travailler les familles de mots et les adverbes.

Activité 12 *VIDÉO*

1   À partir des adjectifs ci-dessous, formez les adverbes correspondants. Avant de regarder le corrigé, lisez la transcription de la video de 16:43 à 18:34 ou, encore mieux, visionnez à nouveau la séquence dans laquelle vous entendrez ces adverbes, utilisés par Benoît et Thierry.

final	propre
vrai	direct
graphique	parfait
seul	

2   Voici quelques exemples adaptés de ceux que l'on entend dans la vidéo. En consultant le dictionnaire si vous le souhaitez, remplacez chaque expression en italiques ci-dessous par un synonyme en '-(e)ment' ou en '-age'.

(a) [Töpffer] suit à la trace, au fil de nombreuses péripéties, des *créatures* ridicules.

(b) [Concernant Hergé] la première chose qui frappe quand on considère *après coup* son travail, c'est l'extraordinaire rapidité de ses progrès, de son *acquisition du métier*.

(c) [Ce qui est typique de la BD] c'est, par exemple, la *combinaison* de différentes images, on dit 'cases', dans la même page.

(d) [S'agissant de l'évolution du neuvième art] Et donc, *petit à petit*, et ça va se précipiter à partir de 1968 avec les événements de mai et toutes les *modifications* qui vont s'ensuivre.

(e) [Aujourd'hui, il] y a des tentatives de journaux intimes en bande dessinée, des *comptes rendus journalistiques* en bande dessinée.

Dossier ◄ ◄ ◄

Choisissez un mot que vous avez entendu en travaillant la vidéo, par exemple le mot 'image' ou 'édition'. Pensez à plusieurs mots de la même famille ('imaginer', 'éditer') et faites-en une liste; cherchez des noms, des adjectifs, des adverbes, des verbes, etc. Finalement, vérifiez vos idées en consultant votre dictionnaire et ajoutez les mots auxquels vous n'avez pas pensé. Une semaine plus tard, reprenez votre dossier et refaites l'exercice. Vous vous souvenez de nouveaux mots?

Les activités 13 à 15 vont vous permettre d'étudier, ou de réviser, l'accord des participes passés. En travaillant ce point de grammaire, vous préparez le terrain pour l'étude des pronoms objets, que vous aborderez en milieu de section. Pour commencer, voici une activité que nous vous demandons de faire sans consulter préablement votre Grammaire.

Activité 13

1   Dans chacune des phrases suivantes, soulignez le participe passé et l'objet du verbe.

   (a) Pendant toute ma jeunesse, j'ai acheté des albums d'*Astérix*.

   (b) Il ne sait pas bien dessiner, alors il a décalqué les images.

   (c) Les récits en images que Töpffer a inventés sont ce qu'on appellerait aujourd'hui des bandes dessinées.

   (d) Les *Aventures de Tintin*, qu'Hergé a écrites et dessinées, n'ont pas pris une ride.

   (e) Admirez la finesse du trait dans ces planches qu'a peintes Enki Bilal.

   (f) Je collectionne les albums que Goscinny et Uderzo ont réalisés.

   (g) Il faut acheter les revues que ces jeunes éditeurs ont produites, afin d'encourager une forme originale de création.

2   Regardez l'ordre des mots et dites, en anglais, ce que les phrases (c) à (g) ont en commun. Pouvez-vous en tirer une conclusion en ce qui concerne l'accord du participe passé?

Putting the object before the verb

The activity you have just done should have reminded you of the rule of past participle agreement with verbs using the auxiliary verb *avoir* in compound tenses (e.g. the perfect). If the verb is preceded by its direct object, its past participle agrees in gender and number with the direct object. Here are some examples of perfect tenses taken from the video:

> Hergé **a codifié** … des choses *touchant au découpage*…

> Dans l'œuvre *extrêmement abondante que* (Töpffer) nous **a laissée**…

> (Il) **a** peut-être **donné** une …*légitimité* à cette forme d'expression

Look at the verbs in bold. They are all in the perfect tense, but two of the past participles (*codifié, donné*) end in -é (the masculine singular form). The other ends in the feminine singular ending -ée: *laissée*. The difference lies in the position of the object, i.e. in the fact that *œuvre*, which is feminine, precedes the verb *a laissée*.

Here's another way of looking at the rule:

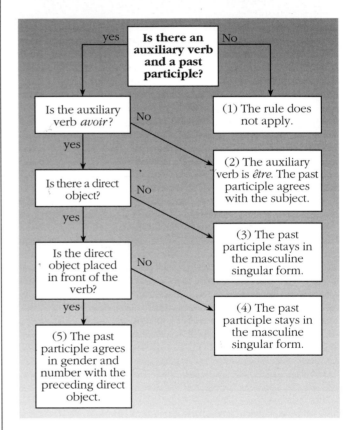

Pronouns are often used, in speaking and in writing, when people know the subject matter and context of the discussion. For example, a rejoinder to sentence (g) in *activité 13* could be:

> Oui, bien sûr, il faut **les** (les revues) acheter, ça **les** (les jeunes) encourage à continuer de créer!

Later in this section, you will concentrate on using two pronouns together before a verb. In such cases, one of the pronouns is a direct object, the other an indirect object. So, in preparation for this, make sure that you are clear about:

- **G** what direct and indirect object pronouns are (see your Grammar Book pp. 73–4);

- how to use *y* and *en*.

Here is a reminder of the basic uses of *y* and *en*:

- *Y* and *en* occur in a number of idiomatic expressions.

Y	En
Il y a There is, there are	*Je vous en prie!* Please! Don't mention it!
Ça y est! There we are! That's it!	*Je m'en vais.* I'm off
Je n'y comprends rien I 'm baffled, I don't get it	*Je n'en sais rien!* I haven't (got) a clue!
Il s'y connaît He's an expert	*J'en ai assez!* I've had enough!

- *Y* replaces phrases indicating a place, a location, i.e. in general the idea of 'there'.

    Tu viens à la bibliothèque? Non, vas-y sans moi.
    Are you coming to the library? No, you go (there) without me.

    C'est Jérôme, huit ans, qui a dessiné l'affiche, et il y a mis tout son cœur.
    Jérôme, aged eight, designed the poster, and he really put his heart into it.

- *En* replaces the following in expressions involving quantities:

    – *de* + noun:

    Tu vends beaucoup de CDs? Oui, j'en vends beaucoup.
    Do you sell a lot of CDs? Yes, I do (sell a lot of them).

    – a noun preceded by *du, de l', de la, des*:

    Vous avez des cassettes? Oui, j'en ai.
    Do you have any cassettes? Yes, I do.

You will have opportunities to revise and consolidate your knowledge of object pronouns and their use in the following activities. References to your Grammar Book are made where appropriate.

Les activités 14 et 15 vont vous faire pratiquer l'inversion objet-verbe, en travaillant l'accord du participe passé, puis le pronom personnel objet.

Activité 14 AUDIO 1

1 Dites pour chacune des phrases suivantes, si elle correspond à l'encadré numéro 1, 2, 3, 4 ou 5 du schéma que vous avez étudié page 16.

(a) Ces récits, je les ai écrits.

(b) J'ai contacté les éditions Dault.

(c) Cette enquête, je l'ai faite.

(d) Ce n'est pas lui qui a inventé la bulle.

(e) Cet album, je l'ai écrit.

(f) Ces études, je les ai faites.

(g) Ils ont créé le personnage en 1949.

2 Nous avons adapté pour vous un poème de Jacques Prévert où l'accord du participe passé est à l'honneur. Complétez les vers en respectant l'accord afin de reconstituer le petit drame que Prévert a imaginé. Nous vous donnons les verbes à l'infinitif dans l'encadré.

> La porte que quelqu'un a . . . . . .
> La porte que quelqu'un a . . . . . .
> La chaise où quelqu'un s'est . . . . . .
> Le chat que quelqu'un a . . . . . .
> Le fruit que quelqu'un a . . . . . .
> La lettre que quelqu'un a . . . . . .
> La chaise que quelqu'un a . . . . . .
> La porte que quelqu'un a . . . . . .
> La route où quelqu'un court encore
> Le bois que quelqu'un traverse
> La rivière où quelqu'un se jette
> L'hôpital où quelqu'un est mort.

(Jacques Prévert, 'Le message', *Paroles*, © Éditions Gallimard)

> ouvrir, lire, asseoir, refermer, mordre, renverser, ouvrir, caresser

3 Maintenant soulignez les terminaisons féminines qui s'entendent, puis lisez ce poème à haute voix. Si vous voulez écouter ce poème, et même le répéter, trouvez l'extrait 1 de votre Cassette d'activités. (Vous pouvez remettre cette écoute à plus tard si vous le préférez, par exemple, comme révision lorsque vous aurez terminé l'étude de cette section.)

4 Que contenait la lettre, d'après vous? Écrivez quelques lignes en français.

5 Reprenant le corrigé de la partie 4, trouvez les pronoms 'en' et 'y'. Pour chacun, dites quelle est l'expression qu'il représente.

Boîte à idées

Vous avez aimé ce poème et voulez l'apprendre par cœur? Si vous voulez mémoriser un poème, des plaisanteries, des phrases-exemple etc. il est souvent utile de lire le texte concerné à haute voix et de vous enregistrer. Vous pourrez ensuite relire le texte ou écouter votre enregistrement. Vous apprendrez ce texte plus vite car vous vous souviendrez à la fois de ce que vous avez lu et de ce que vous avez entendu. Votre propre enregistrement pourrait aussi vous servir à vous auto-dicter le texte: c'est une bonne technique de révision.

Voici maintenant deux séries de brefs dialogues qui vont vous permettre de travailler l'accord du participe passé: à l'écrit dans la première partie de l'activité, puis à l'oral dans la deuxième partie.

Activité 15 AUDIO 2

1 Répondez par écrit aux cinq questions suivantes, puis lisez vos réponses tout haut sans oublier de prononcer les terminaisons féminines s'il y a lieu.

> **Modèle**
>
> Avez-vous aidé le ministre de la Culture à créer ce musée?
> Oui, je l'ai aidé.

(a) L'artiste Edmond Baudoin a-t-il produit ces deux planches?
Oui, ...

(b) Avez-vous rencontré les fondateurs des Éditions Imak?
Oui, ...

(c) Ils ont publié une revue intitulée *Le Bœuf Sans Queue*, n'est-ce pas?
Oui, ...

(d) Ont-ils aussi repris les Éditions Dunod?
Non, ...

(e) C'est elle qui a eu l'idée de cette exposition?
Oui, ...

2 Trouvez l'extrait 2 sur votre Cassette d'activités. Répondez aux questions selon le modèle entendu. Prononcez soigneusement les terminaisons féminines audibles et n'oubliez pas d'utiliser 'y' ou 'en' là où le besoin s'en fait sentir.

Élargir votre vocabulaire: les synonymes

Vous avez déjà vu l'importance de la diversification du vocabulaire. Pour continuer ce travail, vous allez maintenant jouer avec les synonymes. Par 'synonymes', on entend soit:

- deux mots qui peuvent se substituer l'un à l'autre (par exemple 'livre' et 'album')

soit:

- deux parties de phrase, ou phrases entières, qui ont un sens semblable (par exemple 'Il serait bon que vous révisiez les pronoms' et 'La révision des pronoms est fortement conseillée').

Il faut dire tout de suite que les synonymes parfaits n'existent pas plus en français que dans les autres langues, et c'est le contexte qui dictera votre choix. Dans les exemples ci-contre, 'livre' est plus général qu''album' (car un album a toujours des images), et 'Il serait bon que vous révisiez les pronoms' est beaucoup plus encourageant que 'La révision des pronoms est fortement conseillée' (qui ne convient qu'aux plus rigoureux des contextes, un examen par exemple).

À vous d'utiliser les dictionnaires astucieusement pour découvrir le synonyme dont vous avez besoin. Les définitions du dictionnaire monolingue vous livrent le sens exact d'un mot, et vous donnent une idée de son contexte grâce aux exemples. Le dictionnaire bilingue peut vous aider aussi, si vous lisez attentivement les indications qu'il fournit. Mais comment juger de l'équivalence entre phrases entières, puisque les dictionnaires ne s'occupent que de mots isolés? Eh bien, pour cela, vous disposez des indications que nous vous donnons de temps à autre (voir par exemple pp. 51–2 de ce livre) mais la meilleure méthode est encore de noter avec soin des expressions que vous rencontrez en lisant ou en écoutant du français, en n'oubliant pas de décrire pour chacune le contexte d'où elle est tirée.

Dossier ◄ ◄ ◄

Demandez-vous: lorsque j'écris, ou que je parle, quelles sont les expressions qui reviennent constamment, que j'utilise trop souvent? Concentrez-vous sur celles-là, cherchez des variantes et notez-les dans votre dossier. Plus tard, lorsque vous devez rédiger un texte en français, consultez votre dossier, et vous verrez une amélioration de vos possibilités stylistiques.

◄ ◄ ◄

Activité 16

Voici des phrases que vous devez compléter en employant un des synonymes donnés dans l'encadré. N'hésitez pas à employer le dictionnaire pour vous familiariser avec les contextes dans lesquels peuvent s'utiliser ces mots.

1 La tortue a dépassé le lièvre avant la ligne d'arrivée.

La tortue . . . .

2 Le séjour de Tintin chez les Incas n'a pas dépassé quinze jours.

Le séjour de Tintin chez les Incas . . . .

3 Il a dépassé les limites de ce qu'il pouvait révéler en tant que journaliste.

Il . . . .

4 Elle est dépassée par les événements.

Elle . . . .

5 C'est un artiste qui dépasse tous les autres par son originalité et son talent.

C'est un artiste qui . . . .

6 Son humour me dépasse.

Son humour . . . .

> surpasser, doubler, excéder, laisser perplexe, outrepasser, ne pas être à la hauteur

En étudiant la vidéo, vous avez entendu Benoît parler du capitaine Haddock et de sa mésaventure lors de son embarquement à bord de l'avion. Voici, page 20, les images de *Tintin au Tibet* dont il parlait: vous allez maintenant vous en servir comme base d'un exercice de vocabulaire.

19

Activité 17

1   Lisez les six cases extraites de *Tintin au Tibet*.

© Hergé/Moulinsart 1996

2   Supposez maintenant que deux artistes préparent ensemble une suite à cette histoire. Lui fait les dessins, elle réalise les scénarios. Malheureusement ils ont des idées incompatibles. Complétez pour le dessinateur le court dialogue qui suit, en choisissant dans l'encadré un terme qui contredit ce que suggère la scénariste.

LA SCÉNARISTE   À la case suivante, le capitaine Haddock s'installe enfin dans son fauteuil pour dormir. Mais voici qu'un passager, qui passe dans l'allée, le heurte au passage. Haddock se lève, furieux, et fait face au nouveau venu.

LE DESSINATEUR   OK, alors il est comment, ce personnage, grand, petit?

LA SCÉNARISTE   Je le vois plutôt grand, décontracté, l'air sympathique, comme Gaston Lagaffe.

LE DESSINATEUR   Ah non! Au contraire! Le gag, c'est de montrer le conflit entre Haddock et lui. Il nous faut plutôt un personnage petit, ... , l'air . . . . . . , du genre Averell Dalton.

LA SCÉNARISTE   Mais Averell Dalton est colérique et malveillant, alors que le personnage que j'envisage est tout le contraire.

LE DESSINATEUR   Tu veux dire . . . . . . et . . . . . .? Je trouve que ça ne se prête pas véritablement à la comédie.

LA SCÉNARISTE   Justement, c'est ce que je recherche. Je voudrais ajouter une touche dramatique. Avec une sorte d'aventurier, un escroc, peut-être, lâche et déloyal.

LE DESSINATEUR   Ah non, là tu insultes le pauvre capitaine Haddock, qui est bruyant, sans doute, mais · · · · · et · · · · · ·, surtout envers son ami Tintin.

LA SCÉNARISTE   Bon, d'accord. Alors mettons que le personnage soit petit, mince, avec l'air malicieux…

LE DESSINATEUR   Du coup, je trouve que ça ressemble un peu trop à Astérix!

> résolu, irrésolu, décontracté, crispé, sympathique, antipathique, dédaigneux, humble, capable, incapable, bienveillant, malveillant, modeste, immodeste, prudent, imprudent, gai, triste, loyal, déloyal, calme, colérique, serein, patient, impatient, lâche, courageux

Boîte à idées

Avez-vous pensé à passer cinq minutes par jour à lire à haute voix un texte écrit? Par exemple, la conversation du dessinateur avec la scénariste? Ou encore un dialogue de BD? Le capitaine Haddock poussant des cris dans sa course vers la passerelle? Ceci vous aidera à acquérir une plus grande facilité d'élocution, surtout si vous exagérez l'intonation de façon comique.

Élargir votre vocabulaire: les mots et leur contraire

Dans l'encadré de l'activité 17, chaque qualité est associée à son contraire, c'est-à-dire à son antonyme. Comme les synonymes étudiés précédemment, les antonymes sont souvent basés sur un préfixe:

> 'résolu' par opposition à '**ir**résolu'
>
> 'loyal' contre '**dé**loyal'
>
> '**bien**veillant' contre '**mal**veillant'
>
> '**sym**pathique' opposé '**anti**pathique'

Mais comme pour les familles de mots en général, il est difficile de prévoir la façon dont les paires d'antonymes sont formées. De même qu'en anglais, *uncouth* n'a pas d'antonyme *couth* (sauf par plaisanterie), de même le préfixe 'dé-' ne peut pas être séparé de la racine dans 'dédaigneux' (*contemptuous*), ni dans 'il est arrivé, très décontracté' (*he turned up, very relaxed*) qui a pour opposé 'crispé', et non pas 'contracté' (ce mot ne s'appliquant qu'aux muscles). Voici quelques exemples supplémentaires:

détacher to untie	**at**tacher to tie up
déséquilibrer to upset the balance of	**ré**équilibrer to restore the balance of
déballer to unwrap	**rem**baller to pack up
débaptiser to remove the name of (a street, a ship)	**re**baptiser to rename (a street, a ship)
déboucher to unstopper, or to uncork	**re**boucher to put the stopper, or the cork, back in
se **sous**-alimenter (terme de médecine) to eat too little	se **sur**alimenter (medical term) to eat too much

Voici une activité destinée à vous donner une plus grande aisance dans la manipulation des antonymes.

Activité 18

1   Dans le tableau ci-dessous, changez le préfixe de chacun des verbes de la colonne de gauche, pour en donner le contraire (l'antonyme). Choisissez chaque nouveau préfixe dans la liste suivante: 'dé-', 'a-', 'sur-', 're-', 'ré-', 'dis-', 'inter-'.

2   Complétez les phrases de la colonne de droite avec vos nouveaux verbes, et rétablissez l'orthographe correcte (consonnes doubles, accents, etc.).

(a) sous-estimer	Nous avons peut-être . . . . . . le marché de la BD car les ventes sont en baisse.
(b) placer	La demande n'est pas fixe: elle s'est récemment . . . . . . de la presse vers les albums.
(c) monter	Dans la vidéo, Benoît . . . . . . pour nous l'un des mécanismes narratifs de *Tintin au Tibet*.
(d) apparaître	Le petit insecte de Baudoin disparaît un moment puis . . . . . . au dos de la main du personnage.

Angoulême est véritablement la patrie de la BD, puisque s'y trouvent non seulement le Centre national que vous avez pu voir sur la vidéo, mais aussi le Salon international de la bande dessinée, événement annuel qui rassemble créateurs, éditeurs, critiques et lecteurs. Mais la BD n'a pas toujours été en parfaite santé. Vous allez maintenant étudier les hauts et les bas du neuvième art au cours de ces dernières années, en lisant un texte sur le Salon d'Angoulême.

Activité 19

1   Avant de lire le texte, regardez le tableau ci-contre et associez chacune des expressions de la colonne de gauche à son équivalent donné dans la colonne de droite. De préférence, évitez de consulter le dictionnaire.

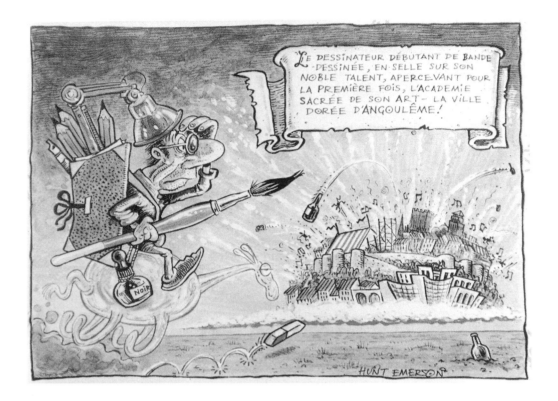

(a) scores de ventes	(i) de plus petite taille
(b) point fort de l'année	(ii) conséquences sociales catastrophiques
(c) d'envergure moindre	(iii) vont avoir lieu successivement
(d) s'égrèneront	(iv) résultats commerciaux
(e) demeure la référence	(v) affirme
(f) ne dément pas	(vi) une année où la qualité a été bonne
(g) un bon cru	(vii) époque la plus importante des douze mois
(h) 'casse humaine'	(viii) reste la ville et l'événement les plus significatifs

2   Lisez maintenant le texte 'La BD pour enfants fait un grand retour au Salon d'Angoulême', d'Yves-Marie Labé, en cherchant dans le dictionnaire les expressions qui vous sont inconnues.

La BD pour enfants fait un grand retour au Salon d'Angoulême

Les messages véhiculés par les albums pour les adultes fortement teintés de sexe, de violence et de contestation sociale font moins recette. Les éditeurs tablent aujourd'hui sur un public plus jeune.

L'UN DES MEILLEURS SCORES de vente de bandes dessinées a été réalisé l'an dernier par un héros bientôt cinquantenaire, Lucky Luke. Le dernier album de ses aventures, *Le Pont sur le Mississippi*, a été vendu à 425 000 exemplaires. Ce chiffre reste toutefois inférieur à celui d'un des précédents récits du cow-boy solitaire, *Ma Dalton*, qui a atteint, depuis sa publication, en 1993, la vente record de 1 151 000 exemplaires. Mais Morris, qui donna naissance à Lucky Luke, en 1949, n'a jamais été couronné par le Grand Prix du Salon international de la bande dessinée d'Angoulême (SIBD).

Cet oubli constitue l'une des contradictions du petit monde de la bande dessinée, et donc du Salon d'Angoulême, par excellence point fort de l'année en matière de neuvième art. Une cinquantaine d'autres manifestations consacrées à la BD, d'envergure moindre, s'égrèneront pendant les onze mois restants, que ce soit à Audincourt, à Bastia, à Hyères, à Chambéry, etc. Mais Angoulême demeure la référence, à l'aune de laquelle se prend le pouls des héros de papier. Une référence pour la « bande dessinée d'auteur », mais qui ne dément pas sa nouvelle attirance pour le « grand public », et notamment pour celui des jeunes.

1994 restera dans les mémoires comme un bon cru pour la BD. La leçon du marasme qui prévalait au début des années 90 a porté ses fruits. La surproduction avait désorienté le marché, déçu acheteurs et lecteurs. Trop de nouveaux albums, trop de réimpressions, trop de nouveaux auteurs auxquels on ne laissait guère le temps de faire leurs classes et qu'on abandonnait trop vite. Trop de violence, de sang, et aussi, de sexe, mais aussi de mise en cause de la réalité sociale et politique. La « BD pour adultes », domaine dans lequel la France a longtemps été leader, sent aujourd'hui un peu le soufre.

Depuis, les éditeurs ont « assaini » leur production en révisant leur ligne éditoriale et en réduisant le nombre d'albums lancés. Ce qui ne s'est pas toujours fait sans restructuration et sans « casse humaine » (par exemple aux éditions Jacques Glénat et aux Humanoïdes associés). Les résultats sont là: alors que 765 nouveaux albums de BD avaient été publiés en 1991, il n'y en eut que 501 en 1993 et 504 en 1994. La BD est aussi plus sujette à la concentration. Les éditions Dupuis, Dargaud-Le Lombard, Casterman et Glénat (ce dernier contrôlant aussi Vents d'Ouest, Zenda ou Comics USA) ont assuré 70% de la production d'albums en 1994 et plus de 80% du chiffre d'affaires du secteur. Contraints également de redresser leur ligne éditoriale, les éditeurs se sont globalement ralliés aux « séries » dans lesquelles doivent nécessairement s'inscrire les auteurs, ainsi qu'aux ouvrages pour enfants et adolescents, ce fonds commun originel de la BD.

(*Le Monde*, 27 janvier 1995)

Vocabulaire

à l'aune de laquelle se prend le pouls des héros de papier which acts as a yardstick for the health of cartoon heroes (i.e. their marketability) (*Une aune* is an old unit of measurement for cloth, equivalent to 1.20 m.)

faire leurs classes to become established in their art (a reference to military service, where *faire ses classes* is to serve one's time)

sent aujourd'hui un peu le soufre is nowadays rather suspect (*Sentir le soufre*, literally 'to smell of sulphur', usually refers to anti-religious acts or sentiments. Here, its use is tongue-in-cheek.)

Notes culturelles

récits du cow-boy solitaire Les aventures de Lucky Luke se terminent presque toujours par une case qui le montre partant seul sur son cheval, et chantant *I'm a lonesome cowboy*.

© Lucky Luke Licensing 1997

'Ma Dalton' un des nombreux albums où Lucky Luke s'oppose aux frères Dalton (qui, tout en étant des bandits, aiment quand même leur maman, Ma Dalton)

Humanoïdes associés C'est le nom d'une maison d'édition de BD.

3 Testez votre compréhension globale du texte en complétant le résumé suivant.

Le . . . . . . n'est pas le seul en France mais c'est le plus important. Les BD françaises y réalisent des ventes extraordinaires, témoin *Lucky Luke*, qui a atteint . . . . . . avec *Ma Dalton*. Bizarrement . . . . . . qui a créé . . . . . . n'a jamais été récompensé par le Salon, malgré le succès mondial de son héros.

Les années allant de . . . . . . à . . . . . . ont été marquées par une surproduction d' . . . . . . Les BD pour adultes publiées alors ont acquis une . . . . . . réputation car elles sont souvent trop . . . . . . , trop . . . .

Depuis 1993, le nombre d'albums publiés s'est stabilisé autour de . . . . . . par an. Quatre grands . . . . . . dominent le marché français et les ouvrages publiés maintenant s'adressent surtout aux . . . . . . et aux . . . .

4 Rédigez maintenant un texte d'environ 200 mots en français contrastant l'argument principal de l'article avec ce que nous ont dit Thierry Groensteen et Benoît Peeters dans la vidéo. Vous consulterez les termes utilisés par ces derniers soit en revisionnant la séquence (15:50–18:34), soit en les vérifiant dans votre Livret de transcriptions.

Dans votre texte, songez à utiliser:

- des expressions introduisant le contraste, comme 'l'un dit… l'autre affirme', 'inversement', 'par ailleurs', 'en revanche', 'non seulement… mais aussi';

- des adverbes en '-(e)ment'.

Attachez-vous à présenter successivement:

– le point de vue de Thierry Groensteen;

– celui d'Yves-Marie Labé;

– une conclusion qui les réconcilie.

Watching out for 'faux amis'

You need to watch out for French words and expressions which look exactly like English ones. Here are two examples from the first part of the text we have just studied:

ce chiffre **reste** *toutefois* **inférieur** *reste* means 'remains' and not 'rests'; *inférieur* means 'lower' and not 'less good' (in this context)

le **Salon** *d'Angoulême* *salon* means 'trade fair', not 'saloon' or 'salon'

As French and English have some common ancestry (Latin and Greek in particular), some words have come from a common stock of vocabulary, but evolved differently in each language. Many words move between the two languages and are assimilated into one or both (mostly from English to French). This creates potential traps for learners, some of which you are probably well aware of (e.g. identical words with non-identical meanings, as in the two examples on the previous page). Here is a very brief look at types of *faux amis*, other than the familiar sort just mentioned.

1   The meanings are close, but the contexts are slightly different.

> to visit a château   *visiter un château*
>
> to visit friends   *aller voir des amis*

2   Some, but not all, of the meanings are identical. Moreover, the use of definite and indefinite articles differs from one language to the other.

> to ask for information   *demander une information*
>
> to give someone some information   *donner des informations à quelqu'un*
>
> to watch the news   *regarder les informations*

3   Both languages use a similar phrase, but only part of it is identical.

> to take notes while listening to a speaker   *prendre des notes en écoutant un conférencier*
>
> to make notes in preparation for an assignment   *rédiger des notes pour préparer un devoir*

4   A verb is used to express the same meaning in both languages, but the construction is different.

> albums that sell well   *des albums qui se vendent bien*
>
> an investigation that reads like a novel   *une enquête qui se lit comme un roman*

5   Grammatical words (such as conjunctions or prepositions) do not always behave as you would expect when you translate them.

> they talk where they should listen   *ils bavardent **alors qu'ils** devraient écouter*
>
> the biggest book fair **in** the world   *la plus grande foire du livre **au** monde*

> the words **in** the left hand column   *les mots **de** la colonne de gauche*
>
> the first three frames **on** page 21   *les trois premières cases **de** la page 21*

6   English words used in French with a different meaning.

> *un smoking*   a dinner jacket
>
> *un break*   an estate car
>
> *faire un brushing à une cliente*   to blow-dry a customer's hair

Dossier ◄ ◄ ◄

Sensibilisez-vous aux faux amis en notant (dans votre dossier par exemple) ceux que vous rencontrez. Identifiez ceux qui vous causent régulièrement des difficultés et révisez-les souvent. Nous vous en avons déjà signalé certains au cours de ce livre. Nous continuerons à le faire, soyez donc vigilant(e).

◄ ◄ ◄

Mais voici pour commencer, une activité qui va vous les présenter sous forme du jeu.

Activité 20

Soulignez dans le texte ci-dessous le plus grand nombre possible de faux amis sans recourir au dictionnaire. Essayez d'en trouver au moins dix avant de consulter le corrigé. (Il y en a vingt-et-un en tout.)

> J'ai mis ma voiture en marche en tirant sur le starter. J'aurais éventuellement pu m'en passer puisqu'elle démarre toujours sans problèmes. Je suis allée acheter du lard et des prunes chez l'épicier, mais aussi une carpette pour le salon. Pour achever ma matinée de courses, je suis entrée dans le magasin de musique. Là, le vendeur m'a étonnée car il portait une veste pourpre; mais il était très sympathique et très sensible à mes désirs. Je lui ai demandé s'il avait une partition de Gabriel Fauré. Non seulement il l'avait, mais en plus le prix n'était pas abusif. Pour régler cet achat, j'ai libellé un chèque à son nom puis je suis partie à Angoulême assister à une conférence de Thierry Groensteen.

Varier la présentation de vos idées dans un écrit ou à l'oral

Lorsqu'il s'agit d'introduire une idée, un thème ou une question dans un texte ou un discours, il est recommandé de varier les formules: c'est en effet par la variété du vocabulaire que vous maintenez en éveil votre lecteur ou votre auditeur. C'est aussi par l'utilisation judicieuse d'expressions comme les suivantes que vous lui signalez discrètement: 'attention, voici un élément nouveau, qui a une certaine importance'.

Comparez l'effet un peu brusque du premier exemple ci-dessous, avec le style plus fluide du second:

1 La littérature est enseignée aux enfants dès l'école primaire. **Est-il bon** de leur apprendre aussi à lire les bandes dessinées?

2 La littérature est enseignée aux enfants dès l'école primaire. **Nous pouvons nous demander s'il est** bon de leur apprendre aussi à lire les bandes dessinées?

Voici quelques exemples que vous pouvez utiliser pour varier la présentation::

Voyons maintenant comment…

Abordons à présent le sujet de…

Nous allons essayer de comprendre un peu mieux la question de…

Nous allons analyser de plus près le phénomène de…

Tous les verbes cités sont à la forme 'nous', qui est souvent utilisée en français écrit, ou dans les registres soutenus du français oral, pour donner une impression d'objectivité. L'utilisation du 'je', au contraire, créerait un style plus subjectif. Comparez les phrases suivantes:

– Nous pouvons nous demander si la BD existe dans tous les pays. (**Langue soutenue**. Le lecteur est inclus dans l'argumentation.)

– Je me demande si la BD existe dans tous les pays. (**Langue standard**. Le lecteur est exclu de l'argumentation.)

– On se demande si la BD existe dans tous les pays. (**Langue parlée**. Le lecteur est inclus mais l'impression est que la réponse importe peu.)

Enfin, voici une technique pour vous aider à utiliser ce type de formule le plus souvent possible: lorsque vous venez de terminer la préparation d'un devoir, écrit ou oral, posez-vous une question sur chaque section de votre argumentaire. Choisissez les questions les plus importantes, puis transformez-les en suivant les formules vues plus haut. Cela donnera autorité et élégance à votre texte.

Dans l'activité suivante, vous allez élargir vos connaissances sur la BD, tout en utilisant des expressions servant à présenter un thème.

Activité 21

1 Tout d'abord lisez le texte, pages 28 et 29.

2 Imaginez que vous allez faire un cours sur la BD. Voici (p. 30) huit thèmes, correspondant aux premiers paragraphes du texte. Nous vous donnons le début de chaque phrase: à vous de présenter chaque thème en créant des fins de phrase qui respectent le sens du texte. Voici, par exemple, comment vous pourriez présenter à votre auditoire le thème numéro 1.

Modèle

Vous lisez: Pour commencer, voyons

· · · · · · ·

Vous écrivez: Pour commencer, voyons quelle est l'origine de la BD/voyons de quand date la BD.

27

Les 10 questions que vous vous posiez sur la BD

1
De quand date l'invention de la BD?

2
Y a-t-il des BD partout dans le monde?

1 Certains pensent que les gravures satiriques anglaises du XVIIIème siècle sont les vraies premières bandes dessinées. D'autres penchent plutôt pour les 'Histoires en estampes' de Rodolphe Töpffer. Mais c'est surtout lorsqu'on invente la 'bulle' que la BD trouve sa forme définitive.

2 Oui, en Amérique du sud, en Italie, en Belgique ou en Espagne, la création de BD est très active. En revanche, elle l'est beaucoup moins dans certaines parties de l'Afrique, où elle n'est pas économiquement viable, et dans l'ancienne URSS, qui lui a longtemps été hostile.

3
Comment l'idée d'un personnage vient-elle à un auteur de BD?

4
Pourquoi y a-t-il tant d'animaux dans les BD?

3 Pour certains, c'est l'observation de la société qui lui dicte un jour une idée (*Charlie Brown*), pour d'autres, ce serait plutôt la mise en œuvre d'une technique destinée à provoquer le rire (*Astérix*). Pour d'autres encore, c'est l'imagination qui prime (*Mandrake*).

4 Les animaux ont toujours représenté la société humaine, dans les fables comme dans les contes de fées. La BD ne fait que poursuivre cette tradition.

5
Qu'est-ce que c'est que la 'bande dessinée adulte'?

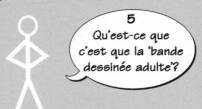

5 Par opposition à la BD pour enfants, on rassemble sous le terme général de BD adulte une multitude de genres tels que la BD d'horreur, la BD policière, les bandes autobiographiques, les magazines contestataires comme *Hara-Kiri*, et bien d'autres.

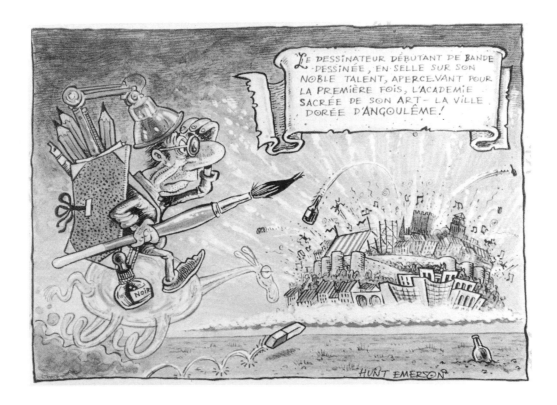

(a) scores de ventes	(i)	de plus petite taille
(b) point fort de l'année	(ii)	conséquences sociales catastrophiques
(c) d'envergure moindre	(iii)	vont avoir lieu successivement
(d) s'égrèneront	(iv)	résultats commerciaux
(e) demeure la référence	(v)	affirme
(f) ne dément pas	(vi)	une année où la qualité a été bonne
(g) un bon cru	(vii)	époque la plus importante des douze mois
(h) 'casse humaine'	(viii)	reste la ville et l'événement les plus significatifs

2 Lisez maintenant le texte 'La BD pour enfants fait un grand retour au Salon d'Angoulême', d'Yves-Marie Labé, en cherchant dans le dictionnaire les expressions qui vous sont inconnues.

La BD pour enfants fait un grand retour au Salon d'Angoulême

Les messages véhiculés par les albums pour les adultes fortement teintés de sexe, de violence et de contestation sociale font moins recette. Les éditeurs tablent aujourd'hui sur un public plus jeune.

L'UN DES MEILLEURS SCORES de vente de bandes dessinées a été réalisé l'an dernier par un héros bientôt cinquantenaire, Lucky Luke. Le dernier album de ses aventures, *Le Pont sur le Mississippi*, a été vendu à 425 000 exemplaires. Ce chiffre reste toutefois inférieur à celui d'un des précédents récits du cow-boy solitaire, *Ma Dalton*, qui a atteint, depuis sa publication, en 1993, la vente record de 1 151 000 exemplaires. Mais Morris, qui donna naissance à Lucky Luke, en 1949, n'a jamais été couronné par le Grand Prix du Salon international de la bande dessinée d'Angoulême (SIBD).

Cet oubli constitue l'une des contradictions du petit monde de la bande dessinée, et donc du Salon d'Angoulême, par excellence point fort de l'année en matière de neuvième art. Une cinquantaine d'autres manifestations consacrées à la BD, d'envergure moindre, s'égrèneront pendant les onze mois restants, que ce soit à Audincourt, à Bastia, à Hyères, à Chambéry, etc. Mais Angoulême demeure la référence, à l'aune de laquelle se prend le pouls des héros de papier. Une référence pour la « bande dessinée d'auteur », mais qui ne dément pas sa nouvelle attirance pour le « grand public », et notamment pour celui des jeunes.

1994 restera dans les mémoires comme un bon cru pour la BD. La leçon du marasme qui prévalait au début des années 90 a porté ses fruits. La surproduction avait désorienté le marché, déçu acheteurs et lecteurs. Trop de nouveaux albums, trop de réimpressions, trop de nouveaux auteurs auxquels on ne laissait guère le temps de faire leurs classes et qu'on abandonnait trop vite. Trop de violence, de sang, et aussi, de sexe, mais aussi de mise en cause de la réalité sociale et politique. La « BD pour adultes », domaine dans lequel la France a longtemps été leader, sent aujourd'hui un peu le soufre.

Depuis, les éditeurs ont « assaini » leur production en révisant leur ligne éditoriale et en réduisant le nombre d'albums lancés. Ce qui ne s'est pas toujours fait sans restructuration et sans « casse humaine » (par exemple aux éditions Jacques Glénat et aux Humanoïdes associés). Les résultats sont là : alors que 765 nouveaux albums de BD avaient été publiés en 1991, il n'y en eut que 501 en 1993 et 504 en 1994. La BD est aussi plus sujette à la concentration. Les éditions Dupuis, Dargaud-Le Lombard, Casterman et Glénat (ce dernier contrôlant aussi Vents d'Ouest, Zenda ou Comics USA) ont assuré 70% de la production d'albums en 1994 et plus de 80% du chiffre d'affaires du secteur. Contraints également de redresser leur ligne éditoriale, les éditeurs se sont globalement ralliés aux « séries » dans lesquelles doivent nécessairement s'inscrire les auteurs, ainsi qu'aux ouvrages pour enfants et adolescents, ce fonds commun originel de la BD.

(*Le Monde*, 27 janvier 1995)

Vocabulaire

à l'aune de laquelle se prend le pouls des héros de papier which acts as a yardstick for the health of cartoon heroes (i.e. their marketability) (*Une aune* is an old unit of measurement for cloth, equivalent to 1.20 m.)

faire leurs classes to become established in their art (a reference to military service, where *faire ses classes* is to serve one's time)

sent aujourd'hui un peu le soufre is nowadays rather suspect (*Sentir le soufre*, literally 'to smell of sulphur', usually refers to anti-religious acts or sentiments. Here, its use is tongue-in-cheek.)

6 Pourquoi Tintin a-t-il tant de succès?

6 Tintin, création du Bruxellois Hergé, est né en 1929. Ce qui n'empêche pas aujourd'hui les lecteurs de '7 à 77 ans' de se précipiter sur ses aventures. Vaillant, héroïque, bien entouré par des personnages toujours fidèles à eux-mêmes, Tintin poursuit ses aventures dans les familles de génération en génération.

7 Est-ce que les écoles enseignent la BD?

7 L'Algérie, Cuba et la Chine utilisent la BD pour expliquer et instruire. Dans un pays comme la France, on trouve des BD dans les livres de lecture des écoliers. Ils sont invités à réfléchir sur ces œuvres tout comme sur les ouvrages littéraires du programme.

8 Peut-on devenir riche en dessinant des BD?

8 Incontestablement, les auteurs des BD qui 'marchent', qui se vendent dans le monde entier et qui sont traduites dans des dizaines de langues gagnent très bien leur vie. À l'inverse, de nombreux créateurs ne franchiront jamais le seuil d'une maison d'édition. En ce qui concerne la BD publiée en français, on compte entre 400 et 600 personnes qui, d'une manière ou d'une autre, vivent de la BD.

9 Quels matériaux les artistes de BD utilisent-ils?

9 Ils emploient des matériaux très divers, qui incluent la gouache, l'aquarelle, les encres de couleur ou, tout simplement, les crayons de couleur. Mais quelqu'en soit le support, la mise en couleurs est presque toujours faite à la main.

10 Comment fabrique-t-on un album?

10 L'histoire voit le jour sous forme de scénario. Le scénariste indique au dessinateur où seront les personnages, comment les cases vont s'organiser les unes par rapport aux autres, et, parfois, quels seront les différents plans, comme au cinéma. Puis le dessinateur met son talent au service de l'histoire, reproduisant fidèlement ou au contraire interprétant les indications du scénariste.

La BD est loin d'être une lecture honteuse ou marginale. Si les 8–14 ans sont les plus férus de cases et de planches, ils sont 92% à lire *des BD* et 36% d'entre eux lisent même une à quatre *BD* par semaine. Même passion pour les classes d'âge 15–49 ans. Comme pour le livre, les lecteurs de BD se recrutent davantage dans les catégories sociales aisées. *Dans ces catégories*, on trouve une majorité de gens lisant vingt-cinq livres et plus par an. Les albums de BD sont intégrés aux produits courants puisqu'ils sont vendus dans les hypermarchés. 45% des lecteurs se sont procuré un album *dans un hypermarché.*

2   Remplacez les expressions en italiques par 'y' ou par 'en', en faisant particulièrement attention à l'ordre des mots.

Pour clore votre étude du Salon d'Angoulême, voici une activité où vous allez décrire oralement un événement semblable. Vous pouvez vous appuyer sur les textes étudiés au cours de cette section, mais aussi sur ce que vous avez vu et entendu en travaillant avec la vidéo.

Activité 25   AUDIO 4

1   Vous êtes journaliste et vous avez été envoyé(e) dans la petite ville de Plancheville-les-Cases, où se déroule un festival de bandes dessinées, la 'BD en fête'. Préparez un reportage sur votre visite au festival de Plancheville-les-Cases. Limitez-vous à 300 mots.

Voici quelques idées pour vous faciliter la tâche:

- Commencez par identifier le lieu où vous êtes.

- Donnez à votre auditoire une liste des manifestations les plus intéressantes du festival.

- Décrivez au moins l'une d'entre elles en détail.

- Concluez par une salutation.

2   Enregistrez votre reportage sur votre cassette personnelle en imitant si possible le ton d'un journaliste. Ne dépassez pas une minute 50 secondes. L'une des réponses possibles vous est

fourni... ...ns l'extrait 4 de votre Cassette d'activités... ...ez également le corrigé, qui vous donne des ...ez supplémentaires.

3   Réécoutez l'extrait 4 et posez-v... ...rois questions sur ce qu'a dit Claude Yvandea... son reportage, puis créez une formule de présentation (voir p. 27) par question.

L'activité qui suit vous fait travailler votre vocabulaire, en particulier les suffixes et les antonymes, et réviser l'accord des participes passés.

Activité 26

Étienne Robial, le fondateur des Éditions Futuropolis exprime ses sentiments sur l'évolution du marché dans le passage qui suit.

1   Reconstituez ce texte en choisissant dans chaque paire d'antonymes de l'encadré l'expression qui convient.

« Il ne s'agit pas de. . . . . . – certains des ouvrages de Futuropolis comme *Voyage au bout de la nuit* illustré par Tardi ont été vendus à plus de 100 000 exemplaires – mais de. . . . . . », souligne celui qui découvrit et publia Bazooka et Kiki Picasso, Tardi, Joost Swarte, Gtting, Edmond Baudoin, Golo, et tant d'autres. Je suis . . . . . . par les tendances prises par la BD, par la . . . . . . de ce milieu. J'ai toujours promu les auteurs et combattu les héros. Et toujours préféré les auteurs complets, à la fois scénaristes et dessinateurs, et porteurs d'un univers de thèmes, de propos, de sujets, plutôt que ceux qui . . . . . . ».

(*Le Monde*, 28 janvier 1994)

difficultés financières/gros bénéfices, peiné/ravi, stagnation/dynamisme, déconvenue/triomphe, font quelque chose de bien/font n'importe quoi

2   Selon vous, lorsqu'il fait cette déclaration, Robial est-il:

(a) en train de lancer une nouvelle collection?

(b) en train de déposer le bilan de son entreprise?

3 Lisez le texte qui suit, et corrigez les sept fautes de grammaire qui s'y sont glissées.

> C'est par une intervention mordante que Gina Loupiote, la directrice des éditions Virgule, a exprimé la désillusion qu'elle a ressenti lors du dernier Salon de la caricature, à Pif-sur-Yvette. 'Les déboires financiers que nous avons subies sont certes graves, mais pas catastrophiques – certains de nos livres se vendent encore à des centaines d'exemplaires. Mais je suis découragé lorsque je vois que des concurrents malveillants s'acharnent à s'emparer de la part de marché qu'avaient si laborieusement acquis les petites structures. Nous, éditrices francophones féministes d'avant-garde, ne souhaitons nous montrer alarmistes ni défaitistes. Ce n'est donc pas un cri de détresse mais un cri de guerre que nous avons poussées tout au long de ce Salon! Nous avons toujours été très actives, nous ne comptons plus les artistes que nous avons promu ni les affairistes que nous avons combattues. Continuons: le moment est arrivé de revenir aux auteurs de qualité, et de reconquérir nos lecteurs.'

Vous avez déjà travaillé les pronoms objets, **directs** et **indirects**. L'activité suivante va vous permettre de les réviser. Si vous ne les avez plus très bien en mémoire, commencez par consulter votre Grammaire, pages 72–3.

Activité 27

Dans les passages suivants, complétez les phrases à l'aide du pronom qui convient.

1 *Texte d'une petite plaquette laissée à la disposition de visiteurs d'un musée:* Pour assurer votre satisfaction lors de vos visites, nous . . . . . . consultons: il . . . . . . suffit de remplir le questionnaire ci-joint.

2 *Petite note glissée dans le manuscrit d'un auteur:* Si les éditeurs refusent vos illustrations, ils . . . . . . diront à votre secrétaire.

3 *Annonce faite dans la soirée de samedi lors d'un weekend d'étude sur l'art populaire:* Quant à Olivier Bogaert, il . . . . . . présentera demain l'histoire de la BD, du XIXème siècle à nos jours.

4 *Affiche placardée à l'entrée d'un musée:* Le public est le bienvenu dans toutes les salles. Cependant nous . . . . . . demandons de ne pas toucher aux planches originales.

5 *Extrait d'une conférence sur l'art de la BD:* Quand Hergé coloriait des planches, il . . . . . . transformait presque en toiles de maître.

Word order when there is more than one object pronoun

You are already familiar with the use of one object pronoun before a verb. If you are unsure, check your Grammar Book, pages 72–3. Here we look at what happens when there is **more than one** object pronoun (excluding *y* and *en* for the moment, as they will be worked on in a later section of the book), in particular:

- the **direct** object pronouns *le, la, l'* and *les*;

- the two groups of **indirect** object pronouns *me, te, nous, vous* and *lui, leur*.

In affirmative, negative and interrogative sentences, when combining any one of

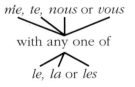

you should put *me, te, nous,* or *vous* **first** and *le, la* or *les* **second**, for example:

> *Je **te le** donne*
> I'm giving it to you

> *Tu ne vas pas **te l'**offrir pour ton anniversaire: c'est moi qui vais **te l'**acheter.*
> You won't be treating yourself to this for your birthday, I'm buying it for you.

> *Vous **nous les** avez réservés?*
> Did you book them for us?

When combining any one of

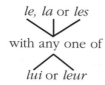

le, la or *les*

with any one of

lui or *leur*

you should put *le, la* or *les* **first** and *lui* or *leur* **second**, for example:

> *Je **le lui** ai promis pour demain*
> I promised it to him for tomorrow

> *Ne **le leur** dis pas!*
> Don't tell them!

> *Peut-on **la lui** faxer?*
> Is is possible to fax it to him/her?

With positive commands, the object pronouns come **after** the verb:

> *Dis-le-lui!*
> Tell him/her!

In general, looking at the pronouns listed above:

1 Don't combine two of the pronouns from the same horizontal line above (for example, don't combine *me* with *te, nous* or *vous*).

2 Don't combine any of *me, te, nous, vous* with either *lui* or *leur*.

This could present a difficulty, if you need to say, for example, 'Would you introduce me to them?', as rule 2 forbids you to use *me leur*. The way round the rule is to use *à + eux* or *à + elles: Voulez-vous me présenter à elles?* In the singular, use *à + lui* or *à + elle.* 'Would you introduce me to him?' is *Voulez-vous me présenter à lui?* This annoying exception occurs with a small number of verbs but the one which you are most likely to want to use is *présenter*, so you might simply like to learn the two examples in this paragraph off by heart.

Voici maintenant l'occasion de pratiquer l'ordre des pronoms tout en révisant l'accord du participe passé.

Activité 28

1 Réagissez avec surprise aux informations qui suivent en complétant les brefs dialogues ci-dessous. Pour ce faire, utilisez deux pronoms (l'objet direct à remplacer est indiqué en italiques et l'objet indirect en gras). Vous aurez soin de les placer dans le bon ordre.

Modèle

> Vous lisez: Mon voisin collectionneur a acheté *ces planches* **à Tardi**.
> Il . . . . . .!
> Vous écrivez: Il les lui a achetées!

(a) Nous avons montré *les photocopies* **aux visiteurs**.
Vous . . . . . .!

(b) Il a offert **à Geneviève** *cette planche originale*.
Il . . . . . .!

(c) Nous disons toujours *la vérité* **aux acheteurs potentiels**. (Mettez 'toujours' en fin de phrase.)
Vous . . . . . .!

(d) Nous avons demandé **à l'auteur** *l'autorisation* de reproduire ces planches.
Vous . . . . . .!

2 Dans chacun des trois scénarios qui suivent, traduisez le dialogue.

(a) Germaine a prêté sa voiture à Françoise, qui a eu un accident avec. Nadine est horrifiée.

NADINE   You lent it to her? So who's going to pay for the insurance?

GERMAINE   Who's going to pay for it? Me, of course!

NADINE   And does she know?

GERMAINE   No, I didn't tell her!

(b) Renée va donner à Marie un merveilleux cadeau: un original de premier album de Goscinny et Uderzo. Pierre et Léon commentent.

LÉON   She's bringing it to her tomorrow!

PIERRE   Did they sell it to her?

LÉON   No, they gave it to her.

(c) Vous venez de terminer la mise en couleur d'un album. Viola Rivet, des éditions Jaguar, vous a demandé à voir ces planches. Votre ami Simon vous encourage.

SIMON   You must send them to her.

VOUS   No, I don't want to show them to her. I want to exhibit them at the Salon.

SIMON   That's a pity. She could have bought them from you.

Dossier ◄ ◄ ◄

Avez-vous mis au point une stratégie pour réviser les nouveaux points de grammaire, pour les réutiliser dans votre propre travail? Voici une suggestion: choisissez une nouvelle règle grammaticale (par exemple, l'utilisation des pronoms objets devant le verbe). Quand vous lisez un texte, soulignez les emplois de cette règle. Expliquez à haute voix et dans votre langue maternelle, l'emploi de la règle pour chacun des exemples soulignés. ◄ ◄ ◄

Vous allez maintenant participer à une conversation qui va vous permettre de mettre en pratique à l'oral ce que vous avez appris sur les pronoms directs et indirects.

Activité 29   AUDIO 5

En vous promenant avec une amie au Salon de la BD, vous avisez le stand de la bibliothèque junior d'Angoulême, où le bibliothécaire distribue des albums à un groupe de jeunes enthousiastes. Votre amie est sceptique et elle engage la polémique. Vous allez l'aider en interprétant en français ce qu'elle dit. Trouvez l'extrait 5 de votre Cassette d'activités. Parlez pour votre amie, et dites 'je' à sa place, après avoir entendu les indications fournies en anglais.

À vous

Tout au long de 'Tintin et Le Cheval Sans Tête', Thierry et Benoît ont décrit et analysé des planches de BD. À vous maintenant de rédiger un commentaire semblable. L'illustration que vous allez étudier est tirée de *Blake et Mortimer*, une bande dessinée du Belge Edgar P Jacobs. Entre 1946 et 1990, cette série met en scène deux héros, Edgar Angus Mortimer, professeur de physique nucléaire, et Francis Percy Blake, qui travaille pour MI5. Elle mêle le policier, le fantastique et la science fiction. L'album d'où est tirée notre case est intitulé *La marque jaune*, et raconte l'histoire d'un mystérieux criminel qui signe tous ses forfaits d'une marque jaune.

Activité 30

1   Dans un texte de 400 à 500 mots, commentez en français la technique de Jacobs dans la case ci-dessus. Vous devrez inclure les éléments suivants.

* En regardant la planche, que peut-on deviner de ce qui s'est passé avant?

* Que se passe-t-il au premier plan? L'accent est-il mis sur l'action ou sur l'ambiance?

* Que se passe-t-il à l'arrière plan?

* Comment l'idée d'action est-elle donnée par le graphisme?

* Comment reconnaît-on les sentiments des deux personnages?

2 Ayant terminé votre travail, veillez à vérifier, en plusieurs relectures si besoin est, les:

- pronoms objets directs et indirects;
- accords des participes passés;
- expressions utilisées pour présenter un thème.

La dernière activité de cette section vous invite à donner un cours à des étudiants-scénaristes. En leur commentant les techniques utilisées par Greg et Marin dans les années soixante-dix pour leur BD *Frère Boudin*, vous pourrez revoir certains des thèmes de la section, tout en réutilisant points de grammaire et techniques de présentation orale. Avant de commencer, il vous serait utile de revisionner la séquence vidéo sur les techniques de la BD, ou d'en relire la transcription (6:21–11:40).

Activité 31 AUDIO 6

1 Lisez attentivement l'extrait de *Frère Boudin* qui se trouve pages 37 et 38.

2 Imaginez que vous donnez un cours sur les techniques de Greg et Marin. Pour illustrer ce thème, vous avez choisi l'extrait de *Frère Boudin*, vous le projetez sur écran pour votre auditoire, et vous allez le commenter. Préparez une présentation au cours de laquelle vous commenterez ces pages de *Frère Boudin*, et les ressemblances entre ces images et les changements de perspective que l'on voit au cinéma ou à la télévision. Pour vous inspirer, vous pouvez revisionner la vidéo et prendre des notes sur la façon dont nous avons filmé les BD qui y sont présentées. N'oubliez pas de faire une brève introduction, ainsi qu'une conclusion, et de varier les formules de présentation de vos thèmes.

3 Enregistrez une présentation d'environ deux minutes sur votre cassette personnelle. Vous trouverez un modèle à l'extrait 6 de votre Cassette d'activités.

CHAMP...

CONTRE-CHAMP ET EFFET SONORE (ÇA, MALHEUREUSEMENT, C'EST MOINS ÉVIDENT, ICI. DITES TOUS "*BRRRR*" EN CHOEUR. MERCI.)

!

SAINTE TROUILLEFROUSSE ET SAINT ITCHECOQUE, PATRONS DES HÉROS, VOUS NE ME CONTREDIREZ PAS: VOILÀ UN CHÂTEAU SYMPATHIQUE COMME UN PLEIN POT D'HUILE DE FOIE DE MORUE EN CARÊME!

LA NUIT VIENT MAIS TANT PIS, PLUTÔT CAMPER QUE DE QUÉMANDER L'HOSPITALITÉ DANS CETTE FORTERESSE... SAINT TRIGANO, JE ME CONFIE À VOUS...

JE FERAI PÉNITENCE! J'AI PROBABLEMENT MÉDIT DES BRAVES GENS QUI HABITENT CE CHÂTEAU. BAH: CE QUI EST DIT EST DIT...

...ET BIEN DI

ET MOI, SIRE CONFLEXE, JE MAINTIENS QUE VOUS ÊTES UNE OUTRE GONFLÉE DE VENT ET UN HÂBLEUR!

23

2 Faites de la musique!

Dans cette section vous allez découvrir la Fête de la musique, manifestation populaire bien ancrée dans les habitudes françaises, qui pourtant ne fait partie du patrimoine culturel que depuis quelques années. À travers les portraits des festivaliers et les analyses de ce festival, vous aurez l'occasion de vous interroger sur la nature des fêtes et des rites dans la société moderne. Car la Fête de la musique renoue avec les traditions du carnaval, qui réunissent tout au long d'une nuit d'été les gens les plus divers. Vous en viendrez également à réfléchir sur le rôle que joue l'État français dans la diffusion de la culture de masse.

KEY LEARNING POINTS

- Using combinations of object pronouns.

- Using object pronouns with more complex verb forms.

- Improving aural comprehension.

- Distinguishing between words with identical pronunciation.

- Improving pronunciation of nasal vowels.

- Taking notes from written and spoken sources.

- Using *y* or *en* in combination with other pronouns.

D'entrée de jeu

Aimez-vous la musique? Nous vous proposons de réfléchir sur vos goûts et vos talents musicaux.

Activité 32

Presque tout le monde écoute de la musique chaque semaine, ou même chaque jour. Comment répondriez-vous à ce sondage? (Nous ne vous proposons pas de corrigé à cette activité, car vous répondrez selon votre propre expérience.)

1   Vous allumez la radio ou vous mettez des cassettes pour écouter de la musique:

plusieurs fois par jour ❏

une fois par jour ❏

une ou deux fois par semaine ❏

rarement ❏

jamais ❏

2   Si vous écoutez de la musique, c'est:

dans la voiture ❏

à votre lieu de travail ❏

chez vous ❏

3   Vous préférez écouter de la musique:

avec des amis ❏

en famille ❏

seul(e) ❏

4   Vous avez:

une chaîne hifi ❏

un lecteur de CDs ❏

5   Vous aimez surtout:

la musique classique ❏

le jazz ❏

le rock ❏

la musique folklorique ❏

6   Vous n'aimez pas du tout:

la musique classique ❏

le jazz ❏

le rock ❏

la musique folklorique ❏

7   Qui est votre compositeur ou interprète préféré?

8   Vous faites de la musique vous-même? Vous jouez de quel instrument? Vous chantez avec qui?

9   Vous assistez à des concerts de musique:

une fois par semaine ❏

une fois par mois ❏

une ou deux fois par an ❏

presque jamais ❏

10   Vous vous êtes déjà rendu(e) à un festival régional ou national? Vous participez peut-être à une autre sorte d'animation musicale près de chez vous?

Dans le vif du sujet

Il est un soir de printemps, où, dans toute la France, la Fête de la musique permet à chacun de profiter sans se ruiner du talent musical d'autrui, ou de montrer ce que l'on sait faire soi-même, avec sa voix ou avec un instrument. La Fête se veut spontanée, chaleureuse, bien éloignée du bruit et de la fureur des grands spectacles organisés. Pour retrouver l'esprit de la Fête, nous sommes allés à Rennes, ville bretonne d'environ 200 000 habitants, où nous avons recueilli les témoignages que vous entendrez sur votre Document sonore. Avant d'aborder celui-ci, voici, en guise d'introduction, un entrefilet tiré du journal *Ouest-France*.

Activité 33

1   Lizez le texte 'Ce soir, la fête de la Musique'.

Ce soir, la fête de la Musique

Aujourd'hui, c'est le solstice d'été, la journée la plus longue de l'année. C'est aussi la fête de la Musique, la quatorzième. La première, en 1982, avait été créée à l'initiative de Maurice Fleuret, alors au cabinet de Jack Lang, ministre de la Culture. Chorales, fanfares, orchestres, formations diverses, mais aussi musiciens « indépendants » vont animer la nuit la plus courte.

(*Ouest-France*, 21 juin)

2 Trouvez dans le texte deux synonymes de 'le solstice d'été'.

3 Dites en quelle année a paru cet entrefilet.

4 Peut-on dire qu'il y a un lien entre la Fête de la musique et la politique? Justifiez votre réponse.

Pour vous aider à vous repérer dans le Document sonore, consultez le schéma ci-dessous.

(Puisque vous devrez constamment vous référer à cette page quand vous travaillez sur le Document sonore, il serait peut-être utile d'y laisser un marque-page.)

1 Les origines de la Fête de la musique
De 'Le 21 juin est le jour le plus long de l'année, le solstice d'été' à '… apocalyptiquement démentielle comme dirait Dali'.

2 La gratuité des concerts
De 'La Fête de la musique, des milliers de concerts gratuits, principalement en plein air…' à '… ça doit rester aussi, euh, la disponibilité et la gratuité des concerts'.

3 Amateurs et professionnels
De 'Donner aux musiciens amateurs en France la possibilité de se produire en public…' à '… on passe notre temps pendant six mois à négocier des espaces'.

4 Le véritable esprit de la Fête de la musique
De 'Il est facile de comprendre que dans la capitale, une telle manifestation puisse prendre des proportions considérables' à '… donc ça ne correspond pas à, à l'esprit de la Fête'.

5 Spontanéité ou organisation: comment trouver un équilibre?
De 'La commercialisation est sans aucun doute une réalité à laquelle la Fête n'a pu résister' à '… des médias, euh, locaux qui relaient, euh, l'information sur leurs chaînes'.

6 Les annonces
De 'Vous êtes à l'écoute de Radio Rennes. Radio Rennes, fréquence internationale' à '… sans oublier les animations au centre hospitalier'.

7 Mélanger les genres ou pas?
De 'Selon Gaby Aubert, il s'agit avant tout de regrouper les musiciens…' à '… ça se poursuit, euh, jusqu'au milieu de la nuit, mais ça reste relativement spontané'.

8 Vivre la Fête

De 'Et même à Paris, les amateurs reviennent en force' à '... c'est noir de monde dans le centre-ville, il y a du monde partout'.

9 Toutes les formes de musique

De 'Quant aux musiques qu'on peut entendre, il y en a vraiment pour tous les goûts' à '... effectivement on débouche vers, vers, ben ce que, ce qu'on appelle... vers le bœuf'.

10 La Fête s'internationalise

De 'Si le courant passe entre musiciens différents, il passe entre pays différents...' à 'Donc encourager la circulation des artistes à l'intérieur de l'Europe le 21 juin.'

11 Un jour pas comme les autres

De 'Qu'ils soient chanteurs de variétés françaises...' à '... ça fait pas trop partie de notre culture, la musique. On (ne) l'apprend pas à l'école.'

12 La Fête prend le relais de l'école

De 'Si l'école n'encourage pas tellement la pratique de la musique...' à '... je crois que ça reste extrêmement populaire, extrêmement familial'.

Activité 34 AUDIO DS

1 Lisez les phrases ci-dessous.

	Vrai	Faux
(a) La Fête de la musique a été inventée par un ministre socialiste.	☐	☐
(b) C'est seulement lors de la troisième Fête que l'on a décidé d'en fixer la date annuelle au 21 juin.	☐	☐
(c) La Fête ressemble au carnaval du Moyen Âge.	☐	☐
(d) C'est le moment de l'année où on n'a pas le droit de faire des choses qu'on fait le reste de l'année.	☐	☐
(e) Avant 1982, c'était l'Église qui organisait la Fête de la musique.	☐	☐

2 Écoutez la section 1 du Document sonore, puis, pour chaque phrase, dites si elle est vraie ou fausse. Corrigez en français celles qui sont fausses.

Pour vous préciser le contexte dans lequel s'est située la première Fête, voici un court document qui présente la façon dont l'État français soutient la vie culturelle du pays.

Activité 35

1 **F** Lisez le texte 'Le patrimoine culturel national' dans *Le nouveau guide France* (p. 190).

2 En relisant le texte, notez les cinq faits (dates, chiffres, noms) qui vous semblent les plus importants. Faites donc en tout cinq phrases en français.

3 Répondez aux questions suivantes à partir de vos notes.

(a) La France a toujours eu un ministère de la Culture?

(b) Et le Ministre, il s'occupe de quoi par exemple?

(c) Est-ce qu'on fait quelque chose pour protéger les monuments et les sites du passé?

(d) Et la politique culturelle a changé après 1981 avec la nouvelle politique de la décentralisation?

La prise de notes et les abréviations

Quand vous travaillerez sur le Document sonore, nous vous demanderons de prendre des notes. C'est une tâche qui vous est déjà familière, et que vous serez amené(e) à reproduire souvent lors de vos études ultérieures. Elle pourra vous être utile par ailleurs (quand vous écoutez une émission de radio ou prenez des notes lors d'une conférence). Réfléchissez sur ce que vous avez fait au cours de la semaine. Combien de fois avez-vous dû noter quelque chose? Par exemple, en répondant au téléphone, au cours d'une réunion, ou même pour être sûr(e) de ne pas oublier telle ou telle course.

Quelques conseils:

- les notes sont surtout un aide-mémoire, c'est-à-dire que vous les prenez uniquement pour vous aider et non pas pour les soumettre à d'autres.

- choisissez les mots essentiels; ne relevez pas les articles, les adjectifs sans importance, les verbes auxiliaires.

- Utilisez les plus d'abréviations possible. Certaines sont valides dans de nombreuses langues: † pour 'église', § pour 'paragraphe', ∴ pour 'donc'. D'autres sont plus spécifiquement adaptées au français ('M' pour monsieur, 'Mme' pour madame). Essayez celles du tableau suivant.

- Comme vous voyez en regardant les trois derniers exemples du tableau ci-dessous, on peut inventer une convention générale pour les suffixes réguliers: on abrège le mot, puis le suffixe, et on note celui-ci en petits caractères au-dessus de la ligne sur laquelle est inscrit le mot.

Abréviation ou symbole	Mots et expressions représentés
ex	par exemple
tjrs	toujours
auj	aujourd'hui
Fce	France
fç, Fç	français, Français
≃	approximativement
$\bar{o}$, $\bar{a}$, $\bar{e}$	-omme, -amme, -emme ex: comme = c$\bar{o}$
+	avec, et
✕	ne … pas, pas de… ex: ✕ = gratuit
→	parce que; jusqu'à
←	à cause de
=	veut dire que, a pour résultat que
$\underline{o}$, $\underline{so}$, $\underline{to}$	-ion, -sion, -tion, -ation, -ution ex: opération = opérat$^{\underline{o}}$
$\underline{t}$, $\underline{l}$	-ent, -ment, -ement, -el(le), -al(le) ex: finalement = final$^{\underline{t}}$
$\underline{é}$, $\underline{té}$, $\underline{ique}$, $\underline{iste}$	-é, -té ex: clarté = cl$^{\underline{té}}$
	-ique ex: artistique = art$^{\underline{que}}$
	-iste ex: surréaliste = surré$^{\underline{iste}}$
$\underline{qut}$	-iquement ex: patriotiquement = patriot$^{\underline{qut}}$

Les abréviations les plus utiles sont celles que vous inventerez vous-même pour représenter des mots que vous rencontrez très fréquemment. Voici une devinette pour stimuler votre imagination: sauriez-vous décoder les abréviations ci-dessous?

1ère sec$^{\underline{o}}$ K7

ce qui veut dire: 'Première section de la cassette'! (K = lettre de l'alphabet que se prononce [ka]; 7 = sept)

- Autre idée: remplacez des mots ou expressions entières par de petits dessins.

- Enfin, reconstituez vos notes tout haut dès que vous avez terminé, afin de vous assurer que vous vous souvenez de ce que vous avez voulu dire.

La prise de notes, assistée des techniques précédemment décrites permet non seulement de travailler plus vite mais elle a un autre avantage, plus inattendu, lorsque vous enregistrez une présentation: elle vous encourage à éviter de lire votre texte, et plutôt à en reconstituer les idées principales. Ceci donne une plus grande authenticité à votre ton.

Maintenant vous allez prendre des notes que vous utiliserez ensuite pour reconstituer des renseignements. Dans l'activité qui suit, vous allez vous informer sur le programme d'un festival régional, le Festival en Armance.

Activité 36 AUDIO 7

1 Écoutez l'extrait 7 de votre Cassette d'activités.

2 Lisez ci-dessous les notes que nous avons prises en écoutant la première partie du message enregistré. (Nos notes s'arrêtent à 'contribution à la rénovation du clocher appréciée'.)

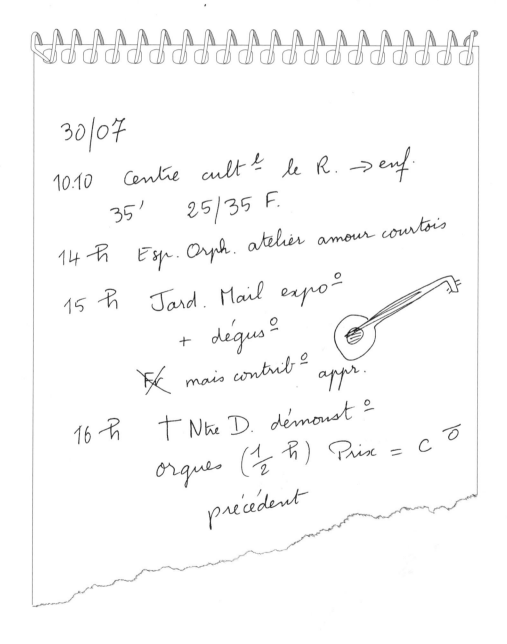

3 Réécoutez la seconde partie du message et prenez des notes, de préférence sans arrêter la cassette.

4 Relisez tout haut vos notes afin de vérifier si vous savez les reconstituer.

Boîte à idées

Notez en français ce que vous devez faire demain ou ce week-end. Y a-t-il des mots que vous avez employés plus d'une fois? Trouvez-en une abréviation. Puis refaites votre liste quelques jours plus tard ou le week-end prochain en essayant de réutiliser vos abréviations ou d'en créer d'autres.

Vous êtes maintenant prêt(e) à écouter la section 2 du Document sonore, qui servira de base à un exercice de prise de notes.

Activité 37 AUDIO DS

Vous allez d'abord entendre Jean-François Millier, qui est directeur de l'ADCEP (Association pour le développement de la création, études et projets), organisme mis en place par le ministère de la Culture et responsable de la gestion de la Fête.

1 Écoutez la première partie de la section 2 du Document sonore (jusqu'à 'pays du monde') et relevez les informations essentielles ci-dessous.
  * date de la première Fête
  * nom
  * chiffres
  * but de la Fête

2 Écoutez maintenant Philippe Douste-Blazy, successeur de Jack Lang au ministère de la Culture. Que dit-il sur les mots 'fête' et 'faites'? Expliquez-le en anglais.

3 En écoutant la deuxième partie de la section 2, notez les faits essentiels (noms, lieux, chiffres), et utilisez des abbréviations quand vous le pouvez. Ce sera à vous de décider vous-même quelles informations vous voulez relever. N'essayez pas de tout transcrire. Ensuite regardez le Livret de transcriptions pour vérifier vos notes.

Entendre les mots et les écrire

Dans l'interview de Philippe Douste-Blazy, le ministre de la Culture en exercice lors de l'enregistrement, nous avons rencontré un exemple d'**homonymes**, c'est-à-dire de mots de sens complètement différents qui se prononcent de la même façon, d'où le jeu de mots 'fête' et 'faites'. Les homonymes sont courants en français. Voici quelques exemples:

Un pot en peau

Les mûres sur les murs sont mûres

Le ver vert va à Vaire

Le contexte vous permettra, dans la grande majorité des cas, de reconnaître le mot dont vous avez besoin. On pourrait par exemple imaginer un acteur en train de préparer une salade niçoise tout répétant sa tirade d'Hamlet. Lorsque vous lui dites: 'Mets le thon!'/'Mets le ton!', on peut se demander si vous l'exhortez à ajouter l'ingrédient principal de sa recette, ou bien à améliorer sa technique dramatique! Mais en réalité, rares sont les situations où deux homonymes peuvent être confondus.

Lorsque vous ne savez pas si deux mots (**maux**) se (**ce**) prononcent de la même (**m'aiment**) façon (vous voyez qu'on en trouve!), consultez les indications phonétiques de votre dictionnaire. Vous pouvez aussi faire un dessin humoristique qui vous servira d'aide-mémoire.

Activité 38

1 Parmi les mots constituant les paires suivantes lesquels sont homonymes? Prononcez-les pour en être sûr(e).

    (a) dé   des

    (b) roue   rue

    (c) pays   paix

    (d) tout   toux

    (e) banc   bond

    (f) juin   joint

    (g) sot   seau

2 Lisez chacun des mots suivants à haute voix et notez un homonyme pour chacun:

    (a) vile

    (b) thon

    (c) puits

    (d) ont

    (e) moi

    (f) parti

Pour perfectionner la prise de notes, vous allez maintenant revenir au Document sonore et travailler les sections 3 et 4. Les notes que vous allez prendre vous serviront pour l'activité qui suit.

Activité 39 AUDIO DS

1 Écoutez la section 3 du Document sonore et notez en français:

    (a) l'essentiel de ce qui est dit sur la façon dont la Fête a évolué (quelques mots suffiront);

    (b) les chiffres donnés par Jean-François Millier.

2 Dans la section 4, vous allez entendre Jean-Pierre Planckaert, conseiller municipal à Rennes. Il parle de trois moments de l'histoire de la Fête de la musique: la première Fête, ce qui a changé au cours des années, et la Fête à l'heure actuelle. Écoutez jusqu'à la fin de la section 4.

3 Nous avons pris quelques notes sur la section 4. D'abord simplifiez-les en utilisant des abréviations qui vous sont personnelles, ou que vous reprendrez parmi celles que vous avez étudiées. (Ne vous préoccupez pas de l'ordre chronologique pour le moment.)

    (i)   on a remarqué que le bénévolat ne suffisait pas

    (ii) les cafés engagent un groupe

    (iii) un jeune homme chantait au coin de la rue

    (iv) c'est devenu plus commercial

    (v) les groupes rock ont tous des hauts-parleurs

    (vi) il fallait aider certains organismes

    (vii) les groupes sans hauts-parleurs ne peuvent plus se faire entendre

    (viii) quelques jeunes jouaient de la flûte

    (ix) il a fallu donner des crédits de matériel et d'heures d'ouvriers, etc.

    (x) il y avait des étudiants avec trois violons

4 Les notes que vous venez de lire sont dans le désordre. Réécoutez l'interview, et mettez chaque note sous la rubrique (a), (b) ou (c) selon son appartenance à l'un des trois moments identifiés plus haut, c'est-à-dire:

    (a) la première Fête

    (b) ce qui a changé

    (c) la Fête aujourd'hui

5 En regardant les notes que vous venez de classer, vous allez essayer d'expliquer ce moment de l'histoire de la Fête.

Imaginez que vous parlez à la radio, alors parlez lentement et clairement, mais permettez-vous quelques répétitions de mots, quelques hésitations, afin de paraître naturel(le). Quand vous êtes prêt(e), enregistrez une brève présentation (pas plus d'une minute 30 secondes) sur votre cassette personnelle.

(En guise de corrigé, nous vous proposons de réécouter le témoignage de Jean-Pierre Planckaert, section 4 du Document sonore. Remarquez des expressions qu'il a employées et notez celles qui vous semblent utiles.)

À diverses reprises, lors de votre travail de ce livre, vous allez affirmer certains éléments de votre prononciation. Tout d'abord, les voyelles nasales.

Activité 40 AUDIO 8

1 Prononcez à haute voix les mots suivants (utilisés au cours des interviews que vous avez déjà écoutées):

(a) -an, -en

dans	encore
en	centre-ville
sans	chanter

(b) -ien

musicien	(je me) souviens

(c) -in, -ain, -ein

certain	principe
juin	province

(d) -on

mon	monde
ton	violon
concert	organisation

(e) -un

un	aucun

2 Nous avons réenregistré trois phrases de Jean-Pierre Planckaert sur votre Cassette d'activités (extrait 8). Écoutez, puis répétez, chacune des phrases, en distinguant le plus clairement possible les -an, -on, -in, et -en.

Dossier ◂ ◂ ◂ ◂

Travaillez régulièrement votre prononciation. Il n'est pas toujours facile de savoir sur quoi travailler et comment. Vous pourriez:

• Faire une liste des sons qui vous semblent les plus difficiles.

• Lire à haute voix un texte que vous connaissez bien. Puis enregistrez votre lecture, et écoutez votre version pour repérer les sons que vous ne prononcez pas bien.

• Écouter attentivement des enregistrements, comme vous venez de le faire. De préférence, choisissez des interviews clairement articulées. Arrêtez votre cassette après une expression qui contient le son ou les sons que vous souhaitez travailler. Répétez et contrôlez votre prononciation en réécoutant l'original. Vous pouvez aussi répéter pendant que la personne parle.

• Enfin, n'oubliez pas que vous pouvez faire la même chose avec du chant! *Au clair de la lune*, *Je ne regrette rien*, l'air de *Carmen* ou les chansons que vous entendrez dans le Document sonore peuvent vous servir de répétiteurs!

◂ ◂ ◂

Vous avez déjà pu constater le succès de la Fête de la musique depuis sa création en 1982. Mais une telle réussite apporte contraintes et exigences. Quand on pense que la Fête a lieu le même soir (ou la même nuit) partout en France, on comprend que les médias veuillent profiter d'une telle occasion. Dans les interviews que vous allez entendre, vous remarquerez parfois une légère nostalgie pour l'ambiance spontanée des premières Fêtes.

Activité 41 AUDIO DS

1 Avant de reprendre votre écoute, cherchez dans le dictionnaire le sens des mots suivants et celui des mots qui viennent de la même racine.

la récupération   récupérer (verbe)

un plateau de musique   plat (adjectif)

enregistrer   un enregistrement (nom)

diffuse   la diffusion (nom)

le partenariat   le partenaire (nom), partager (verbe)

2 Écoutez la section 5 du Document sonore, où Jean-François Millier et Marie-Christine Trégaro (chargée de la communication du secteur culturel de Rennes) parlent du rôle des médias puis répondez en français aux deux questions suivantes (une vingtaine de mots pour chacune suffiront).

(a) Jean-François et Marie-Christine parlent de médias différents. Lesquels?

(b) Quel est le rôle des médias dont ils parlent?

Une radio locale prépare son programme pour la Fête

Combinant l'écoute et la lecture, vous allez maintenant prendre des notes qui vous serviront à rédiger une annonce.

Activité 42 AUDIO DS

1 Le directeur de Radio Rennes, Gaby Aubert, nous précise le rôle très important des médias locaux. Écoutez la première partie de la section 6, jusqu'à 'et les lieux' et notez en français ce que la radio doit annoncer:

(a) un mois avant;

(b) ensuite;

(c) le jour même de la Fête.

2 Dans la seconde partie de la section 6, vous allez entendre une annonce diffusée par Radio Rennes avant la Fête. Écoutez-la puis complétez la transcription ci-dessous avant de vérifier la bonne réponse dans votre Livret de transcriptions.

> Faites la . . . . . . à Rennes mercredi 21 juin. Coup d'. . . . . . à 12 h, Dalle du Colombier.
>
> Et à partir de vingt heures, tout le centre-ville sera . . . . Musique pour enfants, jazz, ... , musique africaine, blues, Fest-Noz, rock, musique classique, sans oublier les . . . . . . au centre hospitalier.

3 (a) Lisez l'entrefilet de presse ci-dessous et les notes qui le suivent. Puis étudiez l'annonce de radio qui est fondée sur ces notes et que nous vous fournissons en tant que modèle. Attention! En réalité le journal nous rapporte ce qui s'est passé la veille: à vous d'utiliser la même information comme si vous parliez de ce qui se passera ce soir.

L'annonce du journal

Derniers échos d'une folle soirée

■ **La Dalle en matinée.** Plus une table ni une chaise de libre, hier après-midi, sur la dalle de Colombier. Entre Colombia et les 3 Soleils, c'est l'heure de la pause musicale. Silence, les décibels arrivent. Ce n'est pas Jackson Square à la Nouvelle-Orléans, mais avec Squad et son reggae, ça balance pas mal à Rennes.

(*Ouest-France*, 22 juin 1995)

Les notes

- licu: entre Colombia et les 3 Soleils
- heure: l'après-midi (n'oubliez pas que 'matinée' signifie 'spectacle qui a lieu l'après-midi'!)
- musique/interprètes: Squad et son reggae
- autres indications: il y aura beaucoup de monde dans les cafés et les décibels vont arriver!

Le texte de l'annonce radio

Si vous voulez entendre du reggae avec Squad, vous devrez aller cet après-midi dans un des cafés entre Colombia et les 3 Soleils. Mais attention, il y aura beaucoup de monde et les décibels vont monter!

(b) Lisez les annonces de la 'Chorale polyglotte' et du 'Docteur Popaul' et prenez des notes. Puis à partir de vos notes rédigez une annonce comme nous venons de le faire qui explique ce qui va se passer à Rennes le jour de la Fête. Quand vous êtes prêt(e) lisez-la à la radio (c'est-à-dire sur votre cassette personnelle). Le ton doit être vif, enjoué, enthousiaste!

■ **Chorale polyglotte**. Une vingtaine d'adeptes de la chorale, point impressionnés par les décibels des guitares électriques avoisinantes, se sont installés sur les marches de l'Opéra. « Opus incertum », c'est le nom de la chorale (« morceau varié »), a interprété des chants du monde entier : africains, italiens, est-européens, anglais, … sans oublier les chants bretons ! « Nous n'interprétons les chants que de manière phonétique. Ici, pas de partition, il n'y qu'une règle : chanter à l'oreille. »

■ **Docteur Popaul**. Encombrée comme pour une fête du RUT ou une manif de la CGT, la rue Saint-Malo hier soir. Éclectique au possible, on entend un gentil rock par quatre jeunes ados puis un jazz honnête. Docteur Popaul pour les fans d'Elmer Food beat fait trembler les murs de la Trinquette. Techno évidemment à la Bernique hurlante et à l'Ozone. Tout ça sous les yeux rieurs des vendeurs de galettes saucisses, rois de la soirée underground, qui se sont fait du beurre. Keep on rocking.

(Ouest-France, 22 juin 1995)

Boîte à idées

Entraînez-vous à mettre le ton lorsque vous prononcez du français. L'exagération est une bonne habitude, en matière d'intonation. Essayez par exemple de répéter à haute voix l'annonce 'Squad' ci-dessus: la première fois, lisez-la comme si vous parliez à France Inter (instructif mais plutôt sérieux), la deuxième fois comme si vous étiez sur une exubérante radio locale s'adressant à des moins de vingt-cinq ans.

Vous allez maintenant aborder les pronoms et l'ordre dans lequel ils apparaissent. Voici tout d'abord une activité destinée à vous faire réviser 'y' et 'en' lorsqu'ils sont utilisés seuls.

Activité 43 AUDIO 9

1 Écoutez l'extrait 9 et complétez la transcription ci-dessous.

Chez nous à Combard, on croyait avoir recensé tous les musiciens professionnels de la région, mais lors de la Fête de l'an dernier . . . . . . C'est parfois difficile de savoir qui ils sont car ils se produisent de façon spontanée un peu partout. L'année dernière, la cour du lycée était restée ouverte très tard dans la nuit du 21, et des jeunes percussionistes . . . . . . Astucieusement, ils . . . . . . sortir une table, et proposer leurs CDs au public. Des artistes qui viennent à la Fête . . . . . . , ... C'est un danger dont nous devons être conscients: il serait dommage que la Fête perde ce côté amateur qui fait son charme.

2 Pour chacune des lignes complétées, justifiez en anglais le choix des pronoms.

Using combinations of object pronouns with more complex verb forms

In the first section of this book you worked on object pronouns and the pronouns *y* and *en*. Pronouns can occur before a verb **on their own** (pp. 16–17), or with other pronouns (pp. 33–4). If necessary, go back to those pages before studying the following examples, which show how pronouns are used in constructions containing two verbs. Look at the word order in each case.

1   Two verbs where each has a separate meaning. In the following example, the two verbs are *oser* and *jouer*.

    –   *Tu as répété ton solo de guitare?*
    –   *Oui, mais je n'oserai jamais **te le** jouer.*
    –   Did you rehearse your guitar solo?
    –   Yes, but I'll never dare play it to you.

Notice that in this dialogue, both pronouns come before the second verb (the infinitive), which is also the verb with which they are associated.

Here is another example using different verbs.

> *Tiens, voilà le CD que je t'avais promis. À plusieurs reprises j'ai voulu **te le** donner, mais j'ai eu du mal à te trouver.*
> Here's the CD I promised you. Several times I meant to give it to you but I had trouble finding you.

2   Two verbs which are bound together in meaning, e.g. *laisser* + infinitive (to let somebody do something), *faire* + infinitive (to make/get someone (to) do something).

> *C'est elle qui possède les droits de la chanson mais elle **me la** laisse enregistrer.*
> She's the copyright holder for the song but she's letting me record it.

> *Il a appris la chanson* Les brumes claires *aux enfants, et il **la leur** fera chanter le 21 juin.*
> He taught the children the song *Les brumes claires* and he's going to get them to sing it on 21 June.

3   Verbs of perception and sensation when followed by an infinitive (e.g. *écouter*, *entendre*, *regarder*, *voir*, *sentir*) also follow this pattern.

> *Qu'est-ce qu'il pense de la chanson française? Je ne sais pas, mais je **la lui** entends souvent critiquer.*
> What does he think about the French songwriting tradition?
> I don't know but I often hear him criticizing it.

The slightly more informal form *Je **l**'entends souvent **la** critiquer* is also possible in this case.

Activité 44

1   Remplacez par le pronom 'y' ou le pronom 'en' les objets des verbes dans les phrases ci-dessous. Attention, l'une des phrases peut recevoir les deux pronoms à la fois.

(a)   On a découvert d'autres expressions musicales.

(b)   On ne pouvait plus passer dans la rue.

(c)   Beaucoup d'artistes professionnels participent à la Fête.

(d) Il y a des associations de musiciens amateurs.

(e) Nous négocions pour que les groupes qui jouent sur Paris puissent trouver un espace.

(f) Je me souviens de la première Fête de la musique.

(g) Un jeune homme chantait au coin de la rue.

(h) On sort combien de chaises?

2 Complétez les dialogues ci-dessous à l'aide des pronoms objets qui conviennent.

(a) – Prête ta voiture à Paul et à Babette, ils voudraient sortir ce soir.

– Je ne ne peux pas . . . . . . prêter, j'en ai besoin.

(b) – Le journal publie une critique cinglante de son dernier disque.

– Qui va oser . . . . . . montrer?

(c) – Il connaît la *Marseillaise*?

– Bien sûr! Je . . . . . . entends souvent chanter dans la salle de bain.

(d) – C'est lui le doyen du village, c'est à lui que doit revenir l'honneur de faire le discours d'inauguration de la Fête.

– Tout à fait. On a décidé de . . . . . laisser prononcer.

3 Maintenant traduisez en français les phrases en italiques des dialogues ci-dessous. Attention à l'ordre des pronoms et des verbes.

(a) She hasn't grasped that the festival should remain a spontaneous event.

We have to make her understand this.

(b) Why does he have to cart his harp backwards and forwards between rehearsals?

He doesn't want to entrust it to us.

Activité 45 AUDIO DS

Dans la section 7 du Document sonore, Gaby Aubert et Marie-Christine Trégaro se demandent si la Fête a perdu trop de spontanéité. Gaby la compare à un concert organisé.

1 Écoutez et cochez les idées suivantes à mesure que vous les entendrez.

(a) un espace libre ❏

(b) retrouver le rock, le jazz, etc. sur une même place ❏

(c) des lieux séparés: lieu plutôt jazz, lieu plutôt rock, etc. ❏

(d) des places publiques avec des professionnels ❏

(e) pas d'obligation, pas d'inscription ❏

(f) n'importe qui peut s'exprimer ❏

(g) essayer de ne pas trop mélanger les genres ❏

2 Réécoutez cette section en regardant la liste ci-dessus: classez les expressions selon qu'il s'agit d'un aspect spontané ou d'un aspect organisé.

Défendre vos idées

Gaby Aubert exprime son sentiment personnel. Voici quelques tournures qu'il a utilisées pour:

- défendre la spontanéité de la Fête:

    Je suis pour conserver cette spontanéité de la Fête…

- attaquer ce qu'il considère comme l'excès d'organisation:

    Si on organise […] comme à Paris, […] moi ça m'intéresse beaucoup moins.

Est-ce que vous avez consacré des pages dans votre dossier aux expressions qui vous permettent de mieux défendre vos idées ou attaquer celles des autres? Sinon, commencez dès maintenant. Voici quelques idées, mais vous devrez chercher à en ajouter d'autres:

- Défendre une idée que quelqu'un a attaquée:

    Contrairement à ce qui vient d'être dit, il est clair que…

    On voudrait nous faire croire que… mais en réalité…

- Contester courtoisement l'idée de quelqu'un d'autre:

    Je ne serais peut-être pas aussi affirmatif (affirmative).

    Je tends plutôt à penser que…

Vous dites cela, mais on est en droit de supposer que…

Cela est vrai en partie/il y a du vrai dans ce que vous dites, mais il ne faut pas oublier non plus…

J'aurais un certain nombre de réserves à exprimer sur…

- Contester plus durement l'idée de quelqu'un d'autre:

    à l'écrit:

    L'auteur/l'intervenant affirme que… or c'est tout le contraire qui est vrai!

    à l'oral:

    Ah non, je ne peux pas laisser dire ça!

Maintenant c'est votre tour de défendre la spontanéité de la Fête.

Activité 46

1 Faites d'abord un bref argumentaire en français (deux ou trois arguments suffisent).

2 À présent, essayez d'emprunter une ou deux des tournures de Gaby Aubert, ou de réutiliser les expressions données ci-dessus. Quand vous vous sentez prêt(e), enregistrez un court discours sur votre cassette personnelle (une minute maximum). Vous pourrez ensuite le comparer à celui que nous avons rédigé, dans le corrigé.

On a beaucoup parlé de l'organisation de la Fête, mais qu'en est-il de la Fête elle-même? Comment vit-on cette expérience? Nous vous brosserons le portrait de la Fête en recueillant des témoignages sur Paris et sur Rennes.

Un des points forts de la Fête, c'est qu'elle embrasse la diversité: diversité d'expressions musicales, certes, mais aussi diversité de groupes sociaux. C'est un des seuls moments de l'année qui permette aux gens de se réunir dans leur ville ou leur village pour se détendre ensemble.

Activité 47 AUDIO DS

1 Écoutez la première partie de la section 8 du Document sonore (jusqu'à 'une excellente nouvelle'). En deux phrases de français, notez l'essentiel sur la Fête de l'année dernière et la Fête de cette année.

2 En écoutant Marie-Christine et Gaby dans la deuxième partie de la section 8, notez:

   (a) les différents groupes qu'ils citent;

   (b) leurs façons de les classer (selon l'âge, etc.).

3 Ensuite réécoutez Gaby Aubert quand il essaie de préciser à quel moment tel ou tel groupe assiste à la fête, et remplissez le tableau ci-dessous.

Heure	Groupe	Lieu
en fin d'après-midi	'les gens'	dans la rue
		descendent en ville
et puis (petit à petit)		
	les familles rennaises	
	les 18–25 ans	
vers 22 h		

Vous allez utiliser les notes que vous venez de prendre pour jouer votre rôle dans un dialogue.

Activité 48 AUDIO 10

1 En utilisant les informations fournies par votre tableau de l'activité 47, préparez le rôle du reporter dans l'interview suivante. Pensez à ce que vous allez dire avant de commencer chaque réponse. Notez les éléments essentiels, mais parlez sans lire vos notes.

LE PRÉSENTATEUR   Bonjour Leslie, vous êtes à Rennes ce soir. Alors, racontez aux Parisiens qui vous écoutent comment la Fête de la musique se déroule en province. Il est 22 h, dites-nous un peu ce qui se passe.

LE PRÉSENTATEUR   Vous avez là surtout des jeunes, non? Euh, il y a toujours des enfants, et leurs parents à cette heure-ci?

LE PRÉSENTATEUR   Et ces jeunes, ils ont bien l'intention de rester là toute la nuit, je suppose?

LE PRÉSENTATEUR   Oui, oui, Leslie, bien sûr. Et dites-moi, tout ça, ça se passe surtout au centre-ville, ou il y a d'autres pôles d'attraction?

LE PRÉSENTATEUR   Merci Leslie et bonne fin de soirée à Rennes.

2 Écoutez l'extrait 10 de votre Cassette d'activitiés et participez au dialogue.

Dossier ◄ ◄ ◄

Lorsque vous devez prendre des notes à l'audition d'un enregistrement contenant des faits, dates, horaires, noms propres etc., pensez à préparer à l'avance un tableau semblable à celui de la page 52. En haut de chaque colonne, mettez les indications 'qui?', quand?', 'quoi?', 'comment?', 'où?'. Au fur et à mesure de votre écoute, remplissez le tableau. Votre travail sera ainsi plus rapide et plus facile à relire par la suite.   ◄ ◄ ◄

En écoutant la section 9 du Document sonore, vous allez travailler le vocabulaire, notamment celui qui a trait au langage de la musique.

Activité 49 AUDIO DS

1 Écoutez la section 9 et indiquez lesquelles des expressions musicales suivantes Gaby a citées en les cochant au fur et à mesure que vous les entendez.

le blues ❑

le jazz ❑

la musique bretonne ❑

la musique britannique ❑

la musique celtique ❑

la musique classique ❑

la musique irlandaise ❑

la musique suédoise ❑

le rap ❑

le rock ❑

2 Lesquelles sont surtout liées au 'bœuf' (mot argotique désignant l'improvisation musicale)? À quelle heure et où le bœuf se pratique-t-il de préférence?

3 Voici quelques autres expressions argotiques ou du moins familières que vous aurez déjà **D** entendues dans cette section. Cherchez-les dans le dictionnaire. Puis trouvez dans la colonne de droite la bonne définition de chaque expression de la colonne de gauche.

Expression familière	Équivalent
(a) le bœuf	(i) rester longtemps
(b) avoir marre de faire	(ii) une improvisation musicale
(c) toc!	(iii) en avoir assez de
(d) traîner	(iv) voilà!

Using 'y' and 'en' in combination with other pronouns

In *extrait 5* of the Activities Cassette, you heard the librarian defend the art of comic books by saying that children are overkeen on video games and that at least:

la BD les en éloigne
comic books take them (*les enfants*) away from **them** (*les jeux vidéo*)

The French language uses pronouns in this way for greater clarity. One of the things you need to be clear about is word order.

Study the two examples below. Can you derive the simple word order rule to be used when combining *y* or *en* with another object pronoun?

*Je chante demain soir rue Blériot, j'allais proposer de **vous y** rencontrer.*
I'm singing tomorrow on *rue Blériot*, I was going to suggest meeting you there.

*Ils n'ont pas d'instruments, il faut que je **leur en** prête.*
They've got no instruments, I've got to lend them some.

Y and *en* are always last in a series of pronouns.

It is also worth knowing that combinations of more than two pronouns are rare, and the combination of *y* with *en* rarer still, with the exception of the set phrase *il y en a*. So while you may occasionally come across a colloquialism such as:

*Je vais **te lui en** mettre une, de claque!*
I'll smack him and no mistake!

or you may see a (somewhat contrived) dialogue like this:

– *Ils passent le concours de chant et puis ils repartent aussitôt à Montréal. Il faut **leur y** envoyer les résultats, non?*
– *Oui, il faut **les leur y** envoyer.*
– They're going to sing in the competition, then go straight back to Montreal. We should send them the results there, shouldn't we?
– Yes, we should.

You are unlikely to need to use more than two pronouns at a time. However, you may have to combine two pronouns with more complex verb forms such as:

- a conjugated verb and an infinitive:

  *Je n'ai pas osé **lui en** parler.*
  I didn't dare mention it/talk about it to him/her.

  *J'espère **leur en** montrer.*
  I hope to show them some.

- a verb of sensation followed by an infinitive:

  – *Les jeunes violonistes du Conservatoire ont leur cours dans l'ancienne salle de classe.*
  – *Oui, on **les y** entend jouer du Mozart.*
  – The young violinists from the Conservatoire have their lessons in the old schoolroom.
  – Yes, you can hear them playing Mozart (in) there.

- a verb form in the perfect tense:

  *Je **les y ai** entendus jouer du Mozart.*
  I've heard them playing Mozart (in) there.

- *laisser* and *faire* followed by an infinitive:

  *Elle va **leur en** faire savoir.*
  She'll let them know about it.

The box below gives another way to remember word order when using pronouns.

me	before *le*	before *lui*	before *y*	before *en*
te	la	leur		
nous	les			
vous				

Activité 50 AUDIO 11

1 Lisez chacun des dialogues ci-dessous et transformez la réponse de façon à remplacer deux noms par deux pronoms à chaque fois. Nous vous donnons en italiques le début des phrases à compléter.

(a) Vous avez préparé les enregistrements des chants tyroliens?
Oui, je ferai envoyer les cassettes à Innsbrück.

Oui, je…

(b) Je n'ai pas vu la réponse du conseil municipal.
C'est parce que je n'ai pas voulu donner la lettre à votre secrétaire.

C'est parce que je…

(c) Vous êtes déjà allé écouter Zouk au Café Bohème?
Oui, j'ai souvent entendu chanter Zouk au Café Bohème.

Oui, je…

(d) Mes parents m'ont donné de l'argent, alors j'ai acheté un synthétiseur.
Tu ferais mieux de ne pas parler du synthétiseur aux parents.

Tu ferais mieux de…

2 Trouvez l'extrait 11 de votre Cassette d'activités. Vous entendrez quatre brefs dialogues auxquels vous allez participer. Notez que:

- vous serez d'accord avec la suggestion faite et vous allez agir;

- vous parlerez de ce qui va se passer en utilisant le futur proche (**aller** + infinitif);

- vous utiliserez **deux pronoms** dans chaque réponse.

Modèle

J'ai vu des CDs de musique classique en solde. Il faudrait en acheter à Gérard.

Oui, **je vais** *lui en* acheter.

Maintenant, écoutez l'extrait 11 et répondez.

Dossier ◄ ◄ ◄

Pour automatiser votre contrôle des combinaisons de pronoms, choisissez parmi les exemples que vous avez lus ou entendus ici ceux qui sont utiles dans des conversations courantes ('comme 'je vais lui en acheter' ou 'je n'ai pas osé lui en parler'). Notez-les dans votre dossier et apprenez-les par cœur.

◄ ◄ ◄

La Fête de la musique n'est plus seulement une affaire française. Son succès dépasse les frontières de l'Hexagone et offre à la fois un modèle international et un plateau d'échanges. Mais ce qui se passe un seul jour par an fait réfléchir d'autre part sur les pas qui restent à accomplir pour promouvoir la formation musicale en France. Dans une première interview Jean-François Millier et David Kiennec (chargé de la coordination internationale de l'ADCEP) nous expliquent comment la Fête a mené à une collaboration internationale dans le domaine de la musique.

L'activité suivante vous aidera à réviser la prise de notes comme support d'un travail oral. Votre tâche sera de créer votre propre présentation, exprimée en termes choisis par vous, reproduisant fidèlement les faits cités dans le document d'origine, mais aussi éloignée de lui que possible en ce qui concerne le style.

Activité 51 AUDIO DS

1   Nous avons relevé sous forme de notes quelques éléments des commentaires de Jean-François Millier et David Kiennec. Écoutez la section 10 du Document sonore et complétez ou corrigez nos notes au fur et à mesure.

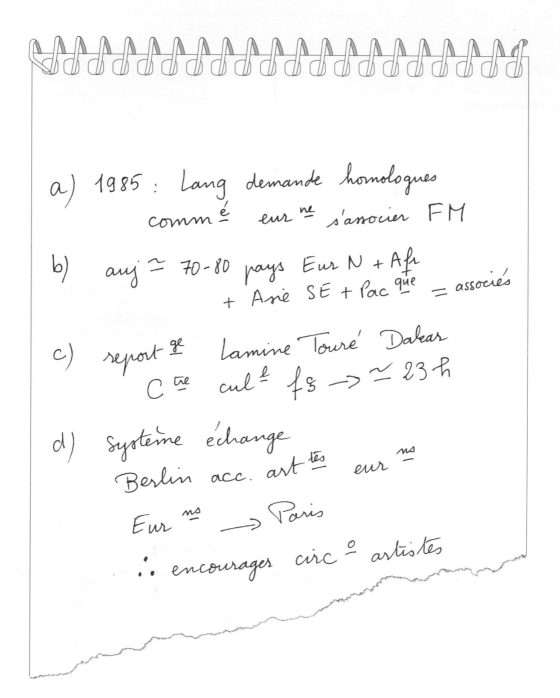

2   Utilisez maintenant nos notes pour faire une ou deux phrases sur le rayonnement international de la Fête. Développez un peu vos notes. Utilisez si vous le souhaitez une grille pour noter plus rapidement qui fait quoi, quand, où etc., puis réécoutez la section 10 afin de compléter notes ou grille. Vous devez vous limiter à une seule réaudition si possible. Ne consultez pas le corrigé avant d'avoir terminé la partie suivante.

3   Ensuite enregistrez une brève présentation (environ 45 secondes) sur votre cassette personnelle (K7 pers.). Le thème sera: 'Comment la Fête de la musique s'est-elle internationalisée?'

Voici une activité qui va vous familiariser avec certains noms propres. Ne soyez pas surpris d'y trouver un ou deux noms anglo-américains. C'est souvent lorsque vous prononcerez de façon authentique un de ces noms-là que vous aurez des difficultés à vous faire comprendre de certains Français. Mieux vaut donc savoir les prononcer à la française!

Activité 52   *AUDIO DS*

1   Avant d'écouter la suite du Document sonore, sachez que vous y entendrez plusieurs noms propres. Les voici. Comment se prononcent-ils à votre avis?

RFI

place de la République

James Brown

le quartier du Marais

la place des Vosges

Ménilmontant

2   Écoutez maintenant la première partie de la section 11 (jusqu'à 'et les gamins, ils dansent, bien entendu'), et faites attention aux noms propres. Répétez ceux qui vous avaient posé un problème antérieurement.

La Fête de la musique, c'est un jour exceptionnel. Jean-François Millier, Marie-Christine Trégaro et Gaby Aubert insistent sur le fait que ce jour-là, les gens ont une expérience très différente de la façon dont ils vivent pendant le reste de l'année. Comme le dit Jean-François Millier, c'est 'un événement sans doute particulier parce qu'il transgresse une règle'.

Activité 53   *AUDIO DS*

Écoutez la seconde partie de la section 11 du Document sonore et cochez les affirmations ci-dessous selon qu'elles sont vraies ou fausses. Corrigez en français les fausses.

		Vrai	Faux
1	C'est un moment où les musiciens sont à l'honneur.	❑	❑
2	Le public a l'habitude d'entendre toutes ces formes musicales.	❑	❑
3	Les gens qui vont à la Fête ont l'habitude d'aller régulièrement aux concerts.	❑	❑
4	Le reste de l'année on descend souvent dans la rue écouter des concerts gratuits.	❑	❑
5	Certains disent que la musique de la Fête est 'du bruit'.	❑	❑
6	La Fête est forcément une explosion du talent.	❑	❑
7	Quand vous écoutez un morceau à la Fête, vous êtes obligé de rester.	❑	❑

La fin du Document sonore vous permettra de réfléchir sur l'intérêt politique et sociologique de la Fête. Vous avez déjà appris que le ministère de la Culture soutient la Fête de la musique. Mais vers la fin des interviews la question se pose de savoir si ce soutien est un simple geste politique ou bien si cela représente la volonté de promouvoir la formation musicale en France.

Activité 54   *AUDIO DS*

1   Écoutez la première partie de la section 12 du Document sonore (jusqu'à 'les professionnels de demain') et répondez aux deux questions qui suivent sous forme de notes.

(a) Selon Jean-François Millier, depuis 1982 quelles musiques sont intégrées dans la politique culturelle grâce à la Fête? Dressez-en une liste.

(b) Selon Jean-Pierre Planckaert, la musique n'est toujours pas bien représentée dans le cadre de l'enseignement national. Alors, dans quels contextes est-ce que les jeunes font de la musique en France?

2 Pour conclure, comment définir l'importance de la Fête de la musique? Écoutez la fin de la section 12 et puis complétez les transcriptions ci-dessous. Vous obtiendrez ainsi des mots-clés concernant le débat sur la Fête de la musique. (Vous pouvez omettre de reproduire les hésitations et répétitions.)

(a) Ce soir-là, c'est une fête de la musique. Donc les . . . . . prennent la rue. Il y a des . . . . . aussi…

(b) La . . . . . est devenue un tel symbole, que les gens . . . . le 21 juin, même s'il n'y a pas de concert. . . . .

(c) Ça se mesure en termes de . . . . . . d'un . . . . . . qui n'est pas toujours un public . . . . . ., avec des . . . . . qui sont extrêmement . . . . . ., qui sont faites par tout le monde…

Boîte à idées

Quand vous aurez corrigé vos réponses à la question précédente, relisez chaque phrase. Puis, sur une feuille blanche, notez uniquement les mots que vous avez ajoutés. Est-ce que vous pouvez refaire les phrases (ou bien reproduire le sens de chaque phrase, même si vous ne vous souvenez pas des mots exacts)?

Si vous voulez réviser d'autres sections du Document sonore, vous pouvez employer la même technique. Mettez un papier auto-collant sur plusieurs mots qui vous semblent essentiels dans tel ou tel paragraphe. Puis écoutez le Document sonore le lendemain ou plusieurs jours plus tard. Notez les mots où vous avez laissé des trous. Corrigez votre travail à l'aide des transcriptions. Puis essayez de trouver dans le dictionnaire des expressions que vous pourriez mettre autour des mots que vous avez notés. Par exemple, la phrase 'c'est le **geste** qui est important' peut donner lieu à:

- c'est le geste qui compte
- ce n'est qu'un geste de leur part
- faire un beau geste

À vous

La Fête de la musique se veut ouverte à tous les publics, des amateurs du rap jusqu'à ceux qui sont mordus d'opéra. Et si ces deux groupes normalement bien distincts se retrouvaient un jour…? C'est ce que l'opéra de Nantes tente de réaliser, en invitant des rappeurs à jouer au théâtre Graslin. On imagine aisément les réactions peu enthousiastes de certains abonnés de l'opéra, mais le directeur artistique défend son projet. Nous vous proposons de lire un reportage sur ce sujet, à l'aide duquel vous allez rédiger une lettre plus tard. Dans cette lettre, vous chercherez d'une part à informer les lecteurs d'un journal régional sur les initiatives prises par l'opéra de Nantes et d'autre part à justifier sa démarche face à ses critiques.

Activité 55

1 Lisez l'article 'Des rappers à l'opéra de Nantes'. Faites attention surtout aux citations.

Vocabulaire

il a flashé sur le plafond the ceiling made a huge impression on him (*flasher sur* is a slang verb from the vocabulary of drug taking)

bac pro vocational school leaving qualification (short for *baccalauréat professionnel*)

il n'a pas vraiment accroché he didn't exactly connect

survêt' tracksuit (abbreviated form of *survêtement* widely used in spoken French)

je délirais doucement avec mes copains me and my mates were having a quiet laugh about it

de nombreuses premières parties a number of first halves (of different shows)

on va mettre le feu we'll really get them (the audience) going

en acoustique using acoustic instruments (not electric ones)

coupe afro afro haircut

ça pète luxe it stinks of money (from a very informal expression; more usually *ça pète le luxe*)

élitaire elitist (the more usual term is *élitiste*)

Des rappers à l'opéra de Nantes pour la fête de la musique

Les rappers de SAT (« Syndikat actuel 2 la Tchatch' ») vont « mettre le feu » aux velours, ors et stucs. A l'occasion de la fête de la musique, ils donnent un concert à l'opéra de Nantes avec quatre autres groupes.

D-Non lève la tête au ciel. Bouche bée. Il a flashé sur le plafond. « **Franchement, ça m'a plu. Un peu snob mais bien !** »D-Non (prononcer Di-none) est déjà venu à l'opéra avec sa classe de bac pro. On jouait un truc italien. Il n'a pas vraiment accroché. Pourtant pour l'occasion il avait sorti le « **starco** » (costard) et le jean. Ça change du survêt', de la casquette et des *Nike*. Mais il était mal assis. « **J'ai les jambes longues... J'avais pas assez de place.** »L'opéra ?« **Je délirais doucement avec mes copains pour pas déranger les autres.** »

Aujourd'hui, il revient à Graslin mais en artiste, avec ses camarades de SAT. Le groupe, qui existe depuis trois ans, a déjà fait de nombreuses premières parties : IAM, NTM... « **Ça va être bizarre,** dit Doumam (Mamadou en Verlan). **Les gens seront assis : ce sera comme si on passait une audition.** »D-Non : « **On va mettre le feu quand même ! Et découvrir un nouveau public.** »

Le rock à l'opéra, c'est une idée de Vincent Priou, directeur de l'association Trempolino. « **On a tendance à dire que la fête de la musique, c'est celle du bruit. On a voulu prendre cette idée a contre-pied. La plupart des formations joueront en acoustique.** » Philippe Godefroid, directeur artistique de l'opéra, a accepté tout naturellement : «**Graslin, c'est une salle qui a une âme, qui vit et qui dialogue avec toutes les formes d'art actuelles.**»

Les quatre rappers de SAT ont une vingtaine d'années, vivent dans des quartiers HLM, sont chômeurs ou lycéens. L'opéra leur semble loin, même si à Nantes près de 30 % des spectateurs ont moins de 25 ans. « **L'opéra, c'est le mélange des parfums Cacharel et tout ça** », ironise Jalbonigaz, coupe afro en bataille. Doumam : « **C'est un gaz légèrement mortel... Ça fait faux.** » Jalbonigaz fait dans la provoc désinvolte : « **Je me vois bien au troisième balcon avec les jumelles, le smoking et la coupe afro. Ça pète luxe !** »

Mais il n'a jamais mis les pieds à l'opéra. Hilare... « **En général, quand je vais aux concerts de rap, je m'arrange pour être sur la liste des invités. Le problème de l'opéra, c'est que je connais aucun ténor.** »

Sioz, le Dee Jay du groupe, évoque lui les problèmes de transports :« **Le soir, le bus s'arrête à 2–3 km de chez moi. J'ai pas envie d'user mes** *Timberland* **à 1 000 balles et plus.** »Pas dupe, « **Enfin, c'est un prétexte pour pas y aller.** »

La direction de l'opéra est sensible à l'ouverture à tous les publics. Un travail est mené auprès des lycées, collèges, comités d'entreprise... « **Depuis cinq ans, l'origine sociale des spectateurs s'est considérablement élargie,** dit Philippe Godefroid. **L'opéra n'est plus élitaire. La salle est représentative de la cité.** »Et il y a des places à tous les prix : de 35 à 250 F.

Cette nouvelle expérience devrait contribuer à désacraliser le théâtre Graslin, ses belles colonnes et ses marches. « **L'opéra en tant qu'art a ses racines dans la rue** », note Philippe Godefroid. Comme le rap.

Jacques SAYAGH

(*Ouest-France*, 21 juin 1996)

Notes culturelles

le 'starco' (costard) L'auteur veut parler du costume de D-Non, ou plutôt de sa veste (puisqu'il met aussi une paire de jeans). Un costume en argot traditionnel est prononcé 'costar'. Inversant l'ordre des syllabes puisqu'il parle le 'verlan', l'argot à l'envers des banlieues, D-Non appelle ce vêtement son 'starco'.

IAM, NTM noms de groupes de rap

Cacharel Cette marque de vêtements et parfums est associée par D-Non à l'idée de la bourgeoisie, à qui sont en général adressées toutes ses publicités.

Timberland marque de chaussures

comités d'entreprise Clubs organisés par les entreprises pour faciliter les loisirs de leurs employés. Ici, il s'agit d'encourager les gens à venir écouter les rappeurs, en leur fournissant des billets à prix réduit par l'intermédiaire de leur entreprise.

2 Vous êtes prêt(e) à aborder l'article. Lisez-le en prenant des notes. Vous aurez quatre groupes de notes, rassemblées par thème. Voici le sujet de chaque thème.

 (a) Annonce de ce qui va se passer au théâtre le 21 juin: qui? quelle musique?

 (b) Un portrait du groupe SAT: combien de musiciens? leur âge, ce qu'ils font, où ils habitent, etc.

 (c) L'image traditionnelle qu'on se fait de l'opéra: le théâtre, le décor de la salle, la façon dont les gens s'habillent, etc.

 (d) La politique adoptée pour encourager les jeunes à venir à l'opéra: combien de jeunes spectateurs? la publicité faite par l'opéra, le prix des places, etc.

Quand vous aurez terminé vos notes, vous aurez un choix. Si vous pensez avoir relevé suffisamment d'informations, commencez tout de suite la rédaction d'une lettre selon les conseils ci-dessous. Si vous n'êtes pas sûr(e) de vos notes, regardez les notes du corrigé de la partie 2 pour vous aider.

3 Vous êtes directeur ou directrice artistique de l'opéra de Nantes. Vous publiez une lettre ouverte à tous les Nantais dans le journal régional. Pour rédiger la lettre, vous pouvez commencer chaque paragraphe par l'une des phrases données en exemple ci-dessous. Utilisez vos notes pour la suite, et pensez surtout à convaincre vos lecteurs! Écrivez 350 à 400 mots.

 Chers amis mélomanes

 Si vous venez à l'opéra de Nantes à l'occasion de la Fête de la musique, vous pourrez assister à une manifestation qui vous surprendra peut-être.

 Vous n'avez peut-être pas l'habitude d'écouter du rap, mais…

 Or, trop souvent les jeunes se disent que l'opéra…

 Depuis 1982, la direction de l'opéra se veut sensible à l'ouverture à tous les publics, y compris les jeunes.

 Alors, nous comptons sur vous pour cette première à l'opéra de Nantes!

Vous pensez être bien renseigné(e) sur la Fête de la musique maintenant? Tant mieux, parce que dans cette activité nous vous demanderons de répondre aux questions de plusieurs auditeurs de Radio Cité qui téléphonent le 20 juin pour participer à votre émission spéciale *Dites-moi tout* sur la Fête de la musique!

Activité 56 AUDIO 12

1 D'abord lisez le document 'Fête de la musique: prenez-en bonne note', et cherchez des informations et des tournures de phrases susceptibles de vous aider.

Voici quelques mots dont vous aurez besoin en parcourant le document. Cherchez-les d'abord dans le dictionnaire.

chevronner

le millésime

recenser

le solfège

foisonner

quadriller

la fanfare

le parvis

Fête de la musique : prenez-en bonne note

Le Journal du Dimanche

Dimanche 19 juin 1994

par Carlos Gomez

Chaque 21 juin, un même mot d'ordre, un même refrain : musique. Selon un rituel pas toujours bien orchestré, musiciens amateurs ou chevronnés, choisissent le premier jour de l'été pour vibrer à l'unisson de leur bruyante passion. Plus de 4000 manifestations déjà recensées pour la treizième édition de mardi.

La Fête de la Musique ? Au départ une idée de Jack Lang, millésime 1982, poussé par une force toute tranquille et désireux de donner à la France si « rose » d'alors, le goût de la musique vivante. Louable, même si, « Jumping Jack » n'alla pourtant pas jusqu'à donner lui-même l'exemple. Ce n'est qu'à l'extrême limite de son règne, il y a deux ans, que l'inventeur de la Fête de la Musique entreprit d'apprendre de concert, solfège et piano.

Jacques Toubon poursuit depuis l'œuvre de son prédécesseur avec moins de battage, mais pas moins de conviction. Même s'il garde en travers de la gorge les tomates et autres trognons de pomme reçus l'an dernier sur son complet veston, tandis que dans la rue il assistait aux manifestations. Lui reprochait-on de « jouer faux » son rôle de ministre ? A l'évidence, oui. On doit pourtant à Toubon d'avoir imposé la création de la Semaine de la Chanson, laquelle a commencé à jouer son rôle de « ferment » – le mot est de lui – pour l'industrie musicale made in France et la promotion de jeunes talents. Sous son mandat, la Fête qui s'annonce foisonnera comme les années passées de manifestations, des plus formelles aux plus originales. Tendances.

Les enfants : ils tiendront cette année une place à part entière. Partout dans l'Hexagone, chorales, fanfares et orchestres juniors donneront de la voix. Un concert de jouets musicaux sera ainsi organisé Places des Vosges à Paris et un « goûter rock » dans le Parc de la Villette. Dans sa commune d'Astaffort (Lot-et-Garonne) Francis Cabrel donnera de son côté un spectacle avec les minots du cru.

Musique classique : un concert dans chaque église, dans chaque conservatoire. Le plus phénoménal, celui que dirigera Mstislav Rostropovitch en la Basilique de Saint-Denis.

Rock : des plateaux itinérants quadrilleront la France. L'entreprise la plus originale c'est à Ajaccio qu'on la trouvera, où les élèves du plus grand collège de la ville créeront Tommy, l'opéra-rock des Who.

Dans notre sillage, ce sont près de 80 pays qui fêteront aussi la musique au même moment. Les centres culturels français de Phnom Penh et de Hanoi par exemple, organiseront des marathons musicaux, tandis qu'à Abidjan, cinq jours de musique seront décrétés pour l'occasion… La musique ? Une idée chaque année neuve.

Mardi, 21 juin, La Fête de la Musique. Renseignements, 36 15 Musique.

(*Le Journal du Dimanche*, 19 juin 1994)

Vocabulaire

vibrer à l'unisson de leur bruyante passion
  to indulge their passion for noise together

battage razzamatazz

minots slang for 'children'

Notes culturelles

une force toute tranquille slogan adapté par le président Mitterrand lors d'une de ses campagnes présidentielles: 'la force tranquille'

rose socialiste (le parti socialiste est symbolisé par un poing tenant une rose)

2 Maintenant vous êtes prêt(e) à préparer votre émission. Lisez ci-dessous ce que les auditeurs vous demanderont ainsi que les suggestions de réponses (abrégées) données en anglais. Préparez vos réponses par écrit. Si vous voulez, vous pouvez amplifier vos interventions en vous inspirant des attractions musicales mentionées dans le Document sonore ou dans l'article.

VOUS Hello if you've just joined us on Radio Cité. Let me remind you: today's *Dites-moi tout*; *Fête de la musique*; many questions this morning; keep calling till 12 o'clock; next call?

LA PREMIÈRE AUDITRICE Bonjour, c'est Dominique Langelot, et je voudrais savoir combien de concerts, de, enfin d'activités musicales il y aura dans notre ville demain.

VOUS Hello Dominique. Exact answer impossible; 'improvisation'; I asked for figures from *Office de Coordination de la Fête*; more than 400 events noted for tomorrow; 100 in city centre; another listener; you're through…

LE PREMIER AUDITEUR Bonjour, c'est Bernard Guillemin. Je sais que le maire va jouer du saxophone devant l'hôtel de ville. Et j'ai entendu dire qu'il fait ça tous les ans depuis la première Fête; je voudrais savoir si c'est vrai.

VOUS Good question Bernard. True that *maire* helped create *Fête de la musique* in 1982; not a musician himself at the time, in '91 started quartet; I remember; saw it myself; next call?

LA DEUXIÈME AUDITRICE Alors, moi, c'est Mireille Frappat. Eh bien, moi, l'année dernière, j'ai pas beaucoup aimé la Fête, je ne sais pas, il y avait trop de concerts en même temps. Moi, je voulais dire que c'est la faute de ceux qui organisent. Je voulais savoir ce que vous en pensiez.

VOUS Oh dear, Mireille; must be tolerant; of course *Fête* is spontaneous so organization can be difficult; but part of attraction; have a wonderful day tomorrow; another listener on the line?

LE DEUXIÈME AUDITEUR Oui, bonjour, je m'appelle Frantz Herman, et je suis prof de musique, et donc, euh, je voulais vous demander si les enfants vont pouvoir participer à la Fête demain?

VOUS Quite, Frantz. This year, big part for children to play; all over France; choirs; bands; youth orchestras; here there will be two events for children; musical toy concert and *goûter rock* in *parc Larivière*. So, Frantz, enough to keep your pupils interested… Who's on the line now?

LA TROISIÈME AUDITRICE Pascale Romanetti. Alors, moi, ma famille est d'origine corse, et j'aurais voulu savoir s'il y a des artistes corses qui vont se produire demain?

VOUS Yes, hello Pascale; hope you like Gregorian chant; in Ambroise Paré hospital tomorrow night; highly original event; some patients will join Corsican group I Timpani in a Gregorian chant concert in the cloister; you will enjoy this; it's now 2 minutes to 12; time for one last question.

LA QUATRIÈME AUDITRICE Bonjour, euh, Magali Bonnard. Moi, je trouve que la Fête de la musique c'est un peu trop français. Il faudrait avoir l'esprit ouvert sur d'autres cultures, non? Pourquoi est-ce qu'on n'aurait pas aussi des musiques venues d'ailleurs?

VOUS Hello, Magali. Yes, there certainly will be some of this tomorrow; I recommend going to *carré Saint-Jean*; 'Music of the World' concert; also flamenco marathon! likely to be spectacular. So it's 12 o'clock, this is the end of our programme. Thank you for calling in, have a good *Fête de la musique!*

3 Maintenant, pratiquez chaque réponse en vous enregistrant sur votre cassette personnelle.

4 Trouvez l'extrait 12 de votre Cassette d'activités, où vous entendrez notre version.

Boîte à idées

Si vous voulez poser des questions, vous pouvez changer de rôle. Écoutez notre version de l'émission, et notez l'essentiel de ce que chaque auditeur veut savoir. Ensuite, réécoutez le dialogue, mais en baissant le volume au moment où les auditeurs parlent. Vous poserez les questions à leur place.

3 Un demi-siècle de culture

Dans la section finale de ce livre, vous allez étudier des textes tirés du chapitre 4 de votre Anthologie *Francothèque*, qui présente le paysage culturel français. Font partie de ce paysage la politique de l'État pour la défense de la culture française contre l'influence croissante de la culture anglo-saxonne, les efforts de gouvernements successifs pour ouvrir la culture à tous les Français, mais aussi l'attitude des Français eux-mêmes à l'égard de leur patrimoine artistique et culturel, manifesté aussi bien sous sa forme traditionnelle que par le biais des technologies nouvelles.

D'entrée de jeu

Quand vous entendez l'expression 'culture française', à quoi pensez-vous? Pour commencer, voici un jeu (à faire sans le secours de votre encyclopédie!) qui va tester vos connaissances de la culture française.

Activité 57

Répondez de mémoire aux questions ci-dessous, en cochant la case qui vous paraît appropriée.

1 Lascaux est:

   (a) un sculpteur de renommée internationale ❑

   (b) un festival biennal des arts décoratifs ❑

   (c) une grotte où l'on a découvert des peintures préhistoriques ❑

2 *Le baiser* est:

   (a) un marbre de Rodin ❑

   (b) une peinture de Watteau ❑

   (c) une chanson d'Édith Piaf ❑

3 Les nénuphars ont été l'un des sujets préférés de:

   (a) Édouard Manet ❑

   (b) Claude Monet ❑

   (c) Edgar Degas ❑

4   Hector Berlioz a composé:

   (a) *Pelléas et Mélisande* ❑

   (b) *Les noces* ❑

   (c) *La symphonie fantastique* ❑

Hector Berlioz

5 Georges Bizet est surtout connu pour avoir composé un opéra intitulé:

   (a) *La Bohème* ❑

   (b) *Carmen* ❑

   (c) *Manon* ❑

6 Blois, Chambord et Amboise sont:

   (a) des châteaux de la Loire ❑

   (b) des peintres français du XVIème siècle ❑

   (c) les compositeurs préférés de Louis XIV ❑

7 Georges Braque est un peintre français connu surtout pour avoir créé:

   (a) l'expressionnisme ❑

   (b) l'impressionnisme ❑

   (c) le cubisme ❑

8 Le Corbusier était:

   (a) architecte ❑

   (b) peintre ❑

   (c) musicien ❑

Le Corbusier

9   Le musée d'Orsay à Paris a été construit dans:

(a) d'anciens entrepôts ☐

(b) d'anciens abattoirs ☐

(c) une ancienne gare ☐

Le musée d'Orsay

10 Le peintre qui a rendu célèbres les danseuses du Moulin Rouge à Paris était:

(a) Edgar Degas ☐

(b) Toulouse-Lautrec ☐

(c) Auguste Renoir ☐

11 L'ingénieur, Gustave Eiffel, qui a construit la tour qui porte son nom à Paris, a aussi conçu:

(a) la statue de la Liberté à New York ☐

(b) la statue du Christ de Rio de Janeiro ☐

(c) le Grand Palais à Paris ☐

Claude François

12 La chanson populaire *Comme d'habitude*, composée par Claude François, est connue dans sa traduction anglaise sous le titre:

(a) *My way* (chanté par Frank Sinatra, parmi autres) ☐

(b) *It had to be you* (chanté par Ella Fitzgerald) ☐

(c) *Unforgettable* (chanté par Nat King Cole) ☐

Dans le vif du sujet

Considérons maintenant des facettes un peu moins connues de la vie culturelle française en nous reportant au *Nouveau guide France*.

Activité 58

1   D'abord, prenez connaissance des pages 206–17 du *Nouveau guide France*. Il ne s'agit pas de les lire très attentivement, mais de repérer les grands mouvements, les artistes principaux etc. (pour la plupart imprimés en caractères gras), afin d'en avoir une impression générale.

2   Maintenant, répondez en français par quelques mots aux questions suivantes.

   (a) Citez le domaine dans lequel chacun des artistes suivants est connu:

   - Jean-Michel Jarre
   - Michel Sardou
   - François Truffaut
   - Léo Ferré
   - Maurice Béjart
   - Henri Cartier-Bresson
   - Bernard Buffet
   - Bertrand Tavernier
   - Francis Cabrel

   (b) En un mot, qu'est-ce que 'l'art lyrique'?

   (c) Citez le nom de deux sculpteurs qui sont influencés par la mécanisation de la vie contemporaine.

   (d) Qui sont les cinéastes qui ont réalisé les films suivants?

   (i) *Un dimanche à la campagne*

   (ii) *37°2 le matin*

   (iii) *Les amants du Pont-Neuf*

   (e) Quel est le nom du festival fondé en 1947 par Jean Vilar?

Dossier ◄ ◄ ◄

En lisant les journaux, en écoutant la radio et en regardant la télévision vous entendrez souvent parler de culture française. Chaque fois que vous le pouvez, prenez des notes et classez-les dans votre dossier sous une rubrique appropriée (par exemple thématique e.g. 'sculpture', 'peinture', 'cinéma' ou analytique e.g. 'rôle de l'État', 'culture et enseignement', 'culture et anti-américanisme'). Vous pourrez par la suite les utiliser comme exemples lors d'une présentation orale, ou pour appuyer un argument dans un mémoire écrit.

◄ ◄ ◄

Après cette rapide vue d'ensemble de l'actualité artistique et culturelle en France, venons-en à 'La fièvre des conservateurs', un article qui présente la prolifération de musées en France depuis la fin de la Deuxième Guerre mondiale, et les raisons politiques, économiques et sociales qui peuvent l'expliquer.

'La fièvre des conservateurs' vous fournira l'occasion d'élargir votre vocabulaire. Vous vous en inspirerez ensuite pour rédiger un texte sur le rôle du musée dans la communauté d'aujourd'hui.

Activité 59

1   Avant de lire l'article (*Francothèque*, document 4.1) cherchez le sens du titre 'La fièvre des conservateurs' (dans vos dictionnaires si besoin est), et proposez-en une traduction anglaise. Attention, ne consultez pas le corrigé de cette activité avant d'avoir terminé les parties suivantes!

2   Maintenant, lisez l'article 'La fièvre des conservateurs' (*Francothèque*, document 4.1).

3   Nous avons résumé une partie de l'article (jusqu'à 'aux cimaises très clairsemées') en une série de phrases. Réordonnez nos notes ci-dessous afin de faire un résumé de l'article en en respectant l'ordre chronologique.

   (a) Au niveau local, la construction d'un nouveau musée est devenue un enjeu politique.

   (b) Les années trente ont vu la construction de trois grands musées à Paris.

   (c) Les maires ont bien remarqué la passion du public pour les musées, passion qui a été encouragée par le ministre de la Culture, Jack Lang entre autres.

   (d) Dans les années soixante-dix, sous l'impulsion du président Pompidou, un nouveau centre pour les arts a été construit à Paris, le centre Georges-Pompidou, qui deviendra le symbole de la modernité.

Le centre Georges-Pompidou

(e) La France possède plus de deux mille musées.

(f) Caen, Rouen, Lille, Marseille, Nîmes et Grenoble sont parmi les villes qui ont inauguré des musées, ou qui projetaient d'en inaugurer, au début des années quatre-vingt-dix.

(g) Après la Deuxième Guerre mondiale, les conservateurs ont tenté de constituer des collections importantes d'art moderne, ce qu'on avait négligé de faire jusque-là.

(h) Il y a des musées consacrés à pratiquement tous les thèmes.

(i) Quelques années plus tard, le président Mitterrand inaugure le musée d'Orsay et lance le projet du Grand Louvre, ce qui provoquera en province la construction ou la rénovation de nombreux musées.

(j) La grande explosion des musées que l'on a observée durant les dernières années du XIXème siècle a été suivie d'une période de trente ans où rien, ou presque, ne s'est passé.

4 Repensez au titre anglais que vous avez choisi. Comment pourriez-vous maintenant le modifier?

5 Faites une liste de petits musées thématiques que, selon l'article, l'on peut trouver en France, en commençant par ceux que vous reconnaissez sans l'aide du dictionnaire. Énumérez-les, avec leur équivalent anglais, ainsi:

> *un musée du cuivre* a copperware museum
>
> *un musée du ski* a ski museum

La lecture du même article va maintenant vous fournir l'occasion de réviser les familles de mots et le vocabulaire de la culture. Avant d'aller plus loin, demandez-vous si vous avez besoin de consulter, dans les deux premières sections de ce livre, les pages concernant l'acquisition du vocabulaire (pp. 12–14, p. 15, pp. 18–19 et p. 22).

Activité 60 AUDIO 13

1 Dans la première colonne du tableau ci-dessous, vous trouverez une liste de noms tirés de l'article. À partir de chaque nom, trouvez un ou deux mots de la même famille. Nous avons complété les premières cases pour vous aider. Attention, certaines resteront vides, car toutes les familles ne sont pas des familles nombreuses!

	Verbe	Nom	Adjectif	Adverbe
les collections	collectionner	un collectionneur		
les surréalistes				
les arts				
la création				
la musique				
les expositions				
l'architecture				
la culture				
un peintre				
des images				

2 À partir du texte, nous avons créé des phrases reprenant certains sons que vous allez maintenant travailler. Il s'agit des voyelles nasales, du [u] et du [y], ainsi que du [ʀ]. Écoutez-les sur votre Cassette d'activités (extrait 13) tout en les lisant ci-dessous, puis répétez-les à haute voix.

(a) En 39, c'est la guerre qui interrompt la création artistique.

(b) Le centre Georges-Pompidou est devenu symbole de culture contemporaine.

(c) La IIIᵉ République commençante s'était attachée avec acharnement à la construction de musées et à l'enrichissement des collections.

(d) À Paris s'ouvrent le musée Guimet, venu de Lyon, et le musée d'Ethnographie où les surréalistes découvrent les arts d'Afrique.

(e) Le Grand Louvre, achevé il n'y a pas longtemps, doit contribuer à rehausser le prestige de la France.

(f) Le contrat est allé au projet dont l'architecture rompait avec les habitudes.

Dossier ◄ ◄ ◄

De temps en temps, choisissez dans un document audio trois ou quatre mots dont le son vous intrigue, et pour chacun d'entre eux constituez une famille de mots. Ensuite, créez des phrases fantaisistes à partir de chaque famille et répétez-les à haute voix en exagérant les sons autant que vous voulez, afin de travailler votre prononciation. Souvenez-vous du son [y] dans 'Les mûres sur les murs sont mûres'.

◄ ◄ ◄

Vous allez maintenant préparer un exercice écrit, basé sur le même article.

Activité 61

1 Relisez l'article 'La fièvre des conservateurs' jusqu'à '… aux cimaises très clairsemées'.

2 Cherchez dans le texte les expressions figurées qui suivent et expliquez leur sens en anglais.

(a) à l'aube du deuxième millénaire

(b) pousser comme des champignons

(c) la fièvre succède […] à une longue léthargie

(d) Georges Salles, Jean Cassou et Bernard Dorival prennent leur bâton de pèlerin

(e) aussi Valéry Giscard d'Estaing reprend-il le flambeau

(f) le musée […] une vitrine chargée de défendre les couleurs de la ville et de son maire

3 Poursuivez votre relecture de l'article jusqu'à la fin.

4 Maintenant, rédigez en français un résumé (200 à 250 mots) de cette dernière partie, expliquant le rôle que joue le musée pour la communauté locale ou régionale. Voici des idées pour vous guider:

• difficulté de trouver les œuvres d'art pour remplir les nouveaux musées et parfois difficultés de financement

• le musée d'art n'est plus seulement un lieu où l'on peut voir des œuvres illustres: c'est un centre polyvalent

• l'essentiel pour les conservateurs est d'attirer le public

• pour les musées dits de société, par contre, l'essentiel est de conserver le souvenir de métiers et d'industries en voie de disparition

• le rôle du musée n'est plus simplement artistique, mais historique et social

Enfin, n'oubliez pas d'intégrer dans votre texte:

– des expressions figurées (tirées de l'article ou trouvées dans le dictionnaire);

– des pronoms, y compris 'y' et 'en';

– une variété de noms, adjectifs, adverbes etc. appartenant aux familles que vous avez étudiées.

Dans ce livre jusqu'à présent, vous avez travaillé les pronoms, en vous concentrant sur l'ordre des mots. La maîtrise des pronoms vous permet de construire des phrases plus authentiquement 'françaises', au style plus coulant. C'est sur l'impact stylistique des pronoms que l'activité suivante va mettre l'accent. Elle constitue la première étape du travail que vous effectuerez dans cette section sur le style et la syntaxe de la phrase française.

Activité 62

1   Ci-dessous, nous avons rédigé la même conversation deux fois. La première version ne comporte aucun pronom. Dans l'autre, nous avons redit les mêmes choses, mais en utilisant **pronoms personnels** et **pronoms relatifs**. Lisez les deux dialogues, sans vous préoccuper des expressions en caractères gras pour l'instant.

Dialogue 1

– Les musées, en France, aujourd'hui, sont vraiment d'une grande variété: on n'a que l'embarras du choix.

– Absolument. Dans la région, par exemple, nous avons le musée du Cuivre à Villedieu-les-Poêles. Vous connaissez **cet endroit**?

– Oui, je connais **ce nom**, j'ai entendu parler de **ce musée**, mais je ne suis encore jamais allé **là-bas**.

– Ah! il faut aller **au musée de Villedieu-les-Poêles**, c'est une merveille. D'ailleurs le conservateur du musée est un ami à nous, et encore la semaine dernière, nous avons dit **à cet homme** que son musée est une réussite, **et qu'**il doit être fier **de son succès**.

– Attendez, attendez, vous faites allusion à un conservateur, mais **ce conservateur** n'est-ce pas un jeune homme talentueux, **et ne passe-t-il pas** souvent à la télévision?

– Oui, oui, c'est ça, on a vu **notre ami** dernièrement à *Antiquités-dimanche*. Il apporte son concours **à cette émission**.

Dialogue 2

– Les musées, en France, aujourd'hui, sont vraiment d'une grande variété: on n'a que l'embarras du choix.

– Absolument. Dans la région, par exemple, nous avons le musée du Cuivre à Villedieu-les-Poêles. Vous **le** connaissez?

– Oui, je **le** connais, j'**en** ai entendu parler, mais je n'**y** suis jamais allé.

– Ah! il faut **y** aller, c'est une merveille. *Besides* D'ailleurs le conservateur du musée est un ami à nous, et encore la semaine dernière nous **lui** avons dit que son musée, c'est une réussite **dont** il peut être fier.

– Attendez, attendez, le conservateur **auquel** vous faites allusion, n'est-ce pas ce jeune homme talentueux **qui** passe si souvent à la télévision?

– Oui, oui, c'est ça, on **l'**a vu dernièrement à *Antiquités-dimanche*, une émission **à laquelle** il apporte son concours.

---

2   Pour chacune des expressions en gras du dialogue 1, dites quel est l'impact produit par le choix du pronom dans le dialogue 2. Pour ce faire, choisissez parmi les explications suivantes:

(a) on évite de répéter une forme (nom, verbe) ou un nom ou un adverbe synonyme déjà mentionné;

(b) on évite de commencer une nouvelle phrase;

(c) on évite d'allonger la phrase par l'utilisation de 'que';

(d) on évite de répéter 'que';

(e) on évite d'allonger la phrase par l'utilisation de 'et'.

Modèle

Dans l'expression 'Vous connaissez **cet endroit**?', le choix du pronom ('Vous **le** connaissez') permet d'éviter de rajouter un nom. Vous devez donc associer 'cet endroit' avec (a).

Parmi les œuvres d'art contestées en France ces dernières années, se trouvent les fameuses colonnes de Buren (qu'on appelle aussi les 'colonnes Buren') installées au Palais-Royal à Paris en 1986.

Vous allez maintenant faire la connaissance de ces colonnes avant de participer à deux dialogues. Dans l'un vous serez en faveur de cette œuvre et dans l'autre résolument contre.

Activité 63 AUDIO 14

1 Regardez le texte 'Les deux plateaux' consacré aux colonnes Buren (*Francothèque*, document 4.4) et le dessin qui l'accompagne.

2 Maintenant, répondez en français aux questions suivantes.

(a) En vous appuyant sur le dessin et le texte, décrivez *Les deux plateaux* de Buren et ajoutez votre opinion personnelle sur cette sculpture (environ 50 mots).

(b) Décrivez en une phrase ou deux ce que vous savez du Palais-Royal d'après ce texte et ce dessin.

(c) Résumez les différentes réactions suscitées par ces colonnes (environ 50 mots).

3 Maintenant imaginez que vous rentrez d'une promenade dans le jardin du Palais-Royal et que vous parlez avec un ami de ces fameuses colonnes.

Les indications en anglais vont vous donner des idées de réponse. Préparez par écrit vos réponses, puis écoutez l'extrait 14 de votre Cassette d'activités et participez aux dialogues. Ne cherchez pas à traduire les indications littéralement car l'exercice est destiné à vous faire argumenter, en mettant le ton, et vous ne le ferez avec naturel que si vous vous exprimez en vos propres termes. (Pour le corrigé de cette partie, consultez votre Livret de transcriptions.)

*Dans le premier dialogue, vous êtes **pour** les colonnes Buren.*

VOTRE AMI   Tu as vu les colonnes Buren au Palais-Royal? Quelle horreur!

VOUS   (I disagree, I think they're very nice.)

VOTRE AMI   Très bien? Ne me dis pas que tu es d'accord pour qu'on défigure un, un si beau site parisien?

VOUS   (It's a contemporary sculpture which I find highly original.)

VOTRE AMI   Originale, peut-être, mais c'est scandaleux d'installer ça au Palais-Royal, dans un cadre classique, voyons!

VOUS   (That's the point, they are inspired by classical simplicity, which isn't always the case with contemporary works.)

VOTRE AMI   Mais elles sont trop modernes: elles jurent complètement avec l'élégance du bâtiment.

VOUS   (I don't agree at all. They harmonize perfectly with the façade, in fact they even offset it.)

*Dans le deuxième dialogue, vous êtes **contre** les colonnes Buren.*

VOTRE AMI   Je viens de me promener dans les jardins du Palais-Royal. Quelle merveille, ces nouvelles colonnes de Buren! Tu les as vues?

VOUS   (Yes, I saw them last week and I think they're awful.)

VOTRE AMI   Je m'y attendais! Toi et ton conservatisme!

VOUS   (I'm entitled to my opinion, and for one thing, I don't like the material they are made from.)

VOTRE AMI   Qu'est-ce qu'il a, le matériau?

VOUS   (It looks like concrete, it's not stone, and it doesn't fit in with the historical setting of the palace.)

VOTRE AMI   Mais si, c'est de la pierre, ou plutôt c'est fait avec de la pierre.

VOUS   (Well, whatever, it doesn't look like it. It's ugly.)

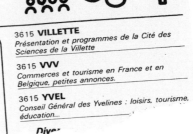

Arts, culture

Musées, monuments (suite)

3615 ANDALOUSIE
Infos touristiques sur Séville. Idem 3615 SEVILLE92.

3615 AQUA
Infos et conseils sur les poissons d'aquarium et les bassins.

3615

3615 LOUVRE

Les horaires, le programme des expositions des conférences, des films, des concerts, les salles ouvertes chaque jour, les tarifs

3615 VILLETTE
Présentation et programmes de la Cité des Sciences de la Villette

3615 VVV
Commerces et tourisme en France et en Belgique, petites annonces.

3615 YVEL
Conseil Général des Yvelines : loisirs, tourisme, éducation...

Dive...

VOTRE AMI   C'est moderne, c'est tout.

VOUS   (And what's more, anyone can sit on them. I saw a child resting his bicycle against them.)

VOTRE AMI   Mais justement, c'est ça qui est passionnant! C'est la culture dans la ville!

VOUS   (I'd rather have art in museums.)

VOTRE AMI   C'est bien ce que je disais. Tu es incorrigible.

Dossier ◄ ◄ ◄

S'il y a un aspect des arts en France (ou ailleurs) qui vous intéresse particulièrement (l'architecture médiévale ou l'impressionnisme, par exemple), constituez une collection de photos ou de reproductions (cartes postales, extraits de brochures touristiques, photos découpées dans un magazine etc.), avec des notes en français sur vos impressions. Ceci vous sera d'une grande utilité si vous choisissez plus tard d'approfondir ce thème dans vos études ou pour votre plaisir personnel. ◄ ◄ ◄

Vous savez déjà que l'État consacre des sommes d'argent importantes à la conservation du patrimoine et à la diffusion de la culture française. Vous allez maintenant étudier l'annonce d'un service fourni sur le Minitel par le ministère de la Culture. Il s'agit dans cette activité d'un travail de vocabulaire et de compréhension.

Activité 64

1   D'abord, lisez le texte 'Entrez, vous avez la clé…' (*Francothèque*, document 4.8).

Vocabulaire

le nouveau service télématique   the new Minitel service

Note culturelle

3615 Culture   Le Minitel est un petit ordinateur. Pour avoir accès au service décrit, il faut taper '3615', suivi du mot 'culture' sur le clavier. Connecté à votre ligne téléphonique, le Minitel vous met alors en contact avec le serveur de ministère de la Culture, dont les messages apparaissent immédiatement sur votre écran.

2   Maintenant, trouvez dans le texte l'équivalent français des expressions anglaises suivantes.

(a) what's on in the arts

(b) what's going on where

(c) major exhibitions

(d) training courses leading to a career in the arts

(e) French as a world language

3   Quelles rubriques choisissez-vous dans les situations suivantes?

(a) Si vous voulez vous renseigner sur les métiers de la culture.

(b) Si vous voulez des places pour une grande exposition.

(c) Si vous voulez des renseignements sur les événements culturels qui vont avoir lieu dans votre région.

(d) Si des amis étrangers, qui passent quelques jours chez vous, adorent les jardins à la française.

(e) Si vous voulez résoudre un problème professionnel pour la troupe de théâtre dans laquelle vous travaillez.

(f) Si vous voulez connaître le programme du Festival d'Avignon.

(g) Si vous voulez vous abonner à un musée près de chez vous.

(h) Si votre tante, très impressionnée par *Le Sacre de Napoléon* de David, cherche à en obtenir une reproduction, de préférence en puzzle.

> **« Ce qui entend le plus de bêtises dans le monde est peut-être un tableau de musée. »**
> **Edmond et Jules de Goncourt**
> **(1822–96 et 1830–70).**

L'un des grands travaux de l'ancien président de la République, François Mitterrand, est la grande arche de la Défense. La Défense, ou Tête Défense, est le nom d'un quartier dans l'ouest de Paris où l'on a construit de grands immeubles de bureaux dans un style très moderne, ainsi qu'un centre commercial. Le quartier tire son nom d'un monument érigé en 1883, commémorant la défense de Paris pendant la guerre franco-allemande de 1870–1.

Dans l'activité qui suit vous allez lire un article sur la construction de la Grande Arche, et consolider votre technique de prise de notes appliquée cette fois à des données techniques.

Activité 65 AUDIO 15

1 Lisez d'abord l'article 'La Grande Arche, un monument et des bureaux' (*Francothèque*, document 4.14).

Notes culturelles

le Bicentenaire celui de la Révolution française de 1789

la tour Fiat l'un des immeubles de la Défense, abritant les bureaux de l'entreprise italienne du même nom

Roissy l'aéroport Charles-de-Gaulle à Roissy-en-France au nord de Paris

la Caisse des dépôts et consignations organisation qui investit dans les projets d'intérêt public, tels que les logements sociaux, les autoroutes

Bouygues très grosse entreprise française de travaux publics, qui possède la grande chaîne de télévision TF1

2 Maintenant, prenez des notes en français sur cet article, en les classant sous les rubriques suivantes:

(a) description du projet

(b) son financement

(c) sa structure

(d) les difficultés de la construction

(e) les locataires

(f) les loyers

N'oubliez pas d'utiliser des abréviations!

3 Enfin, sans relire l'article ni vos notes, écoutez l'extrait 15 de votre Cassette d'activités et complétez la transcription ci-dessous. Les mots qui manquent sont tous soit des adjectifs soit des participes (attention à l'accord), soit des faux amis.

> Un défi . . . ., ce . . . . . . cube. Son créateur a voulu, en effet, un monument en béton et non pas une charpente . . . . . . récouverte de marbre, d'aluminium et de vitrages. Le cube, ... comme un cadre . . . . . . précontraint, appuie ses 300 000 tonnes sur douze piles . . . ., véritables colonnes de Karnak, ... à 14 m dans le sol. . . . . . . d'autant plus difficile que la Tête Défense est . . . . . . sur un sous-sol . . . . . ., avec les deux . . . . . . voies de l'autoroute A14, les trois tunnels . . . . . . du RER, un parking et . . . . . . de la gare SNCF. . . . . . . deux lignes . . . . . . à 80 m de distance, légèrement . . . . . . de 6° par rapport à l'. . . . . . historique, échappent à cet écheveau. Elles portent l'Arche et expliquent son aspect '. . . . . .', qui répondrait à celui de la cour . . . . . . du Louvre.

Peut-être avez-vous visité la Grande Arche vous-même et pris l'un des ascenseurs pour monter jusqu'en haut de la plateforme admirer le panorama de Paris qui s'étend devant vous? Vous allez maintenant examiner de plus près ce monument, avant d'écouter deux personnes parler de leur visite. Ensuite, vous choisirez l'une des descriptions et vous la répéterez afin de travailler votre accent et votre intonation.

Activité 66

1   Examinez d'abord les deux dessins de la Grande Arche
     et réfléchissez à vos propres réactions: vous aimez, vous
     n'aimez pas? Pourquoi?

2   Faites une liste des adjectifs qui vous viennent à
     l'esprit lorsque vous pensez à ce monument. Vous
     les répartirez en deux colonnes: dans celle de
     gauche, vous placerez les adjectifs qui décrivent le
     monument (par exemple 'étrange' ou 'imposant').
     Dans la colonne de droite, mettez les adjectifs
     décrivant votre état d'esprit ou vos impressions
     (comme 'enthousiasmé(e)' ou 'scandalisé(e)').

Boîte à idées

Si vous voulez travailler votre oral, choisissez
dans le corrigé de l'activité précédente le
commentaire qui correspond le mieux à votre
propre perception de la Grande Arche, et lisez-le
tout haut, en concentrant votre attention sur la
prononciation et l'intonation. Vous pouvez aussi
vous enregistrer et vous réécouter.

Votre étude des pronoms est maintenant assez
avancée. Si vous vous sentez encore vulnérable sur ce
sujet, c'est le moment de réviser les points de
grammaire vus jusqu'ici. L'activité qui suit vous
présente un nouvel aspect de l'utilisation du pronom
objet indirect.

Activité 67

1   Traduisez en anglais les expressions qui
     apparaissent ci-dessous en caractères gras.

     (a) (i)   Il doit y avoir des vents très forts, au
                milieu de l'Arche. **Les architectes y ont-
                ils pensé?**

          (ii) À la Défense, il y a des familles qui ont des
                enfants. **On a pensé à elles**, et on a
                installé un manège sur l'esplanade.
                Heureusement!

(b) (i) Il y a des fenêtres au milieu de l'Arche! En regardant l'image, **je n'y avais pas fait attention**.

(ii) Il y a souvent des clochards sur l'esplanade. **Les passants ne font même pas attention à eux**.

(c) (i) C'est quand même un drôle de monument. Si j'habitais en face, **je ne pense pas que je pourrais m'y habituer**.

(ii) Voilà encore une œuvre du même architecte! **Les Parisiens commencent à être habitués à lui**.

(d) (i) La photo prise par satellite fait partie de la culture de chacun. **La galerie van Dreft y consacre une exposition**.

(ii) Le photographe Paul Duvignand se spécialise dans les photos prises par satellite. **La galerie van Dreft lui consacre une exposition**.

2 Réfléchissez aux ressemblances et aux différences qui se trouvent dans les expressions en gras.

3 Notez en anglais la conclusion que vous tirez de cet exercice en ce qui concerne l'utilisation de 'y', par contraste avec celle de 'à + pronom' ou de 'lui'. (Les explications ci-dessous vont vous servir de corrigé, ne les consultez donc pas avant d'avoir noté votre réponse!)

Choosing the correct indirect object pronoun

So far, you have come across *y* when it represents a place (e.g. *j'y vais* means 'I'm going there'). In the activity you have just done, you will have seen that it can also be used to represent an inanimate object.

If you look again at *activité 67*, you will see that:

* all the pronouns represented indirect objects;

* all occurrences of *y* in the bold phrases stood for *à* + noun;

* the nouns which each instance of *y* replaced referred to things or ideas;

* the nouns which each instance of *lui* or *à* + pronoun replaced referred to people.

The difference which you were looking for in *activité 67* is that in each sentence (i) the pronoun referred to things or ideas, and in each sentence (ii) the pronoun referred to people.

When you need to choose a pronoun to stand for an indirect object, ask yourself whether the indirect object is a person, a group of people, or an animal (i.e. animate).

To sum up:

1 Use *me, te, lui, nous, vous* and *leur* to refer to people or animals, i.e. animate objects.

> *Mon père m'a tout appris. Je lui dois ma passion pour la peinture moderne.*
> My father taught me everything. I owe my love of modern painting to him.

This however does not apply to certain verbs followed by *à*, including *s'habituer à, penser à, faire attention à, s'adresser à* and *s'intéresser à*.

> *Il y a souvent des clochards sur l'esplanade. Les passants ne font même pas attention à eux.*
> There are often tramps on the esplanade. Passers-by don't even notice them.

2 Use *y* to refer to things or ideas, i.e. inanimate objects.

> *Il y a des salles entières d'impressionnistes. Le public y a accès.*
> There is room after room of impressionist paintings. The public has access to them.

However you will occasionally find examples of inanimate objects represented by *lui* or *leur* rather than *y*. This creates a stylistic effect whereby the inanimate object is personified or given a special focus, for example:

> *Paris est mon premier amour, je **lui** dois les émotions les plus intenses de ma vie.*
> Paris is my first love. **To it** I owe the strongest emotions of my life.

> *Les vieux studios Pathé ont connu des heures de gloire. Je vais **leur** consacrer un chapitre entier de mon livre sur le cinéma français.*
> The old Pathe studios have had their hour of glory. I shall devote a whole chapter of my book on French cinema **to them**.

For more explanations and practice of these structures, consult your Notes on Language and Style, subsection 2.1.

Vous allez maintenant porter votre attention sur un autre aspect de la culture française, le cinéma. Ce sont les Français qui ont inventé l'expression 'le septième art' pour désigner l'art du cinéma et ce sont deux Français, les frères Lumière, Auguste et Louis, qui, en 1895, ont inventé le cinématographe. Ils ont présenté le premier film en public, le 28 décembre 1895, à Paris, devant trente-trois spectateurs qui avaient payé la somme considérable d'un franc pour voir une dizaine de courts métrages. Les Français sont très fiers de leur cinéma, et pour cause. Par exemple, ils ont couru dans les salles voir *Germinal* et *Cyrano de Bergerac*. À propos de ces deux films, vous allez réfléchir aux enjeux économiques du cinéma français.

Activité 68

1    En utilisant votre dictionnaire monolingue, trouvez les renseignements suivants sur *Cyrano de Bergerac* et *Germinal*.

Germinal

Cyrano de Bergerac

(a) Le roman de Zola *Germinal* raconte:

   (i)   une émeute de soldats revenus de la guerre de 1870;

   (ii) une grève de mineurs dans le Nord;

   (iii) une révolte de paysans.

(b) *Cyrano de Bergerac* est non seulement un film mais aussi:

   (i)   un drame de Rostand;

   (ii) un auteur français du XVIIème siècle;

   (iii) un ballet de Roland Petit.

2   Lisez les deux premiers paragraphes de 'Un entretien avec M. Jack Lang' (*Francothèque*, document 4.21) (vous aurez l'occasion un peu plus tard de travailler sur le texte en entier). Consultez ensuite le document 'Au cinéma ce soir' et lisez le programme des films nouveaux sortant à Paris le **28 mars 1990** (*Francothèque*, document 4.20). Lorsqu'on compare ces deux documents, a-t-on l'impression que Jack Lang a raison ou tort? Justifiez votre réponse en une ou deux phrases de français.

3 Consultez à nouveau le document 'Au cinéma ce soir' et lisez le programme des films nouveaux que l'on pouvait voir à Paris le **29 septembre 1993** (*Francothèque*, document 4.20). Comparez en français la situation des cinémas français et américain selon ce programme (une phrase ou deux suffiront).

Using short sentences for effect

You are now going to learn how to write shorter sentences which convey a lot of information in a few words. Look at the following brief review of a film from a television listings magazine.

La reine Margot

Sœur du roi, surnommée Margot, Marguerite de Valois est mariée de force à Henri de Navarre. Elle est catholique, lui protestant, et cette union réconcilie les Français déchirés par les guerres de religion. Margot est aussi l'objet de l'amour équivoque de trois frères, le roi Charles IX, Anjou son cadet et Alençon.

(*Télé Z*, 16–22 décembre 1995)

You can see that the essence of the film is conveyed in three sentences consisting of a total of about fifty words. Each sentence is constructed differently and each one conveys at least one piece of information vital for an understanding of what the film is about.

Here is a closer look at the first sentence.

Sœur du roi   first phrase describing the subject

surnommée Margot   second phrase describing the subject

Marguerite de Valois   subject

est mariée de force   verb and adverb

à Henri de Navarre   indirect object

The structure is simple but extremely effective in conveying information: we discover that the title of the film, *La reine Margot*, refers to Marguerite de Valois, that she is the king's sister and that she has been married against her will to Henri de Navarre. In sixteen words, therefore, two of the major characters have been introduced and the beginnings of the dramatic situation have been sketched in.

The structure of the second sentence is different but equally concise.

Elle est catholique   subject, verb and adjective

lui protestant   repetition of the first structure with omission of verb

et   conjunction to link the two parts of the sentence together

cette union   second subject

réconcilie   second verb

les Français   object

déchirés par les guerres de religion   phrase describing the object

Again, a very simple structure in which several important pieces of information are provided: the difference in religion between Marguerite and Henri, the situation in France (a country ravaged by civil and religious war) and the political reason behind the arranged marriage. At the same time, another element in the dramatic conflict is put into place, as you will see below.

The third sentence is the simplest of the three and provides the final element in the conflict.

Margot   subject

est   verb

aussi   adverb

l'objet de l'amour équivoque de trois frères   phrase giving more information about the subject

le roi Charles IX, Anjou son cadet et Alençon   development of preceding phrase to describe the three brothers

Vous allez maintenant lire un compte rendu d'un autre film de cinéma qui est passé à la télévision, avant d'en faire une analyse. Ensuite vous allez vous entraîner à écrire un compte rendu semblable.

Activité 69

1   D'abord lisez ci-dessous l'extrait du magazine *Télé Z*, qui donne les programmations télévisées de la semaine.

Tchao Pantin

Lambert, pompiste de nuit alcoolique et solitaire, venu d'on ne sait où, mène une vie morne. Une nuit, il rencontre Bensoussan, un jeune dealer de drogue seul dans la vie, […] et aussi solitaire que Lambert. Une profonde amitié, qui ressemble aussi aux liens d'un père et d'un fils, naît entre les deux paumés. Mais Bensoussan commet une indélicatesse envers le réseau de drogue pour lequel il travaille. Deux tueurs le traquent.

(*Télé Z*, 9–15 décembre 1995)

2   Maintenant, en vous appuyant sur l'analyse que nous venons de faire, décrivez en anglais la structure des trois premières phrases.

3   Ensuite, expliquez en anglais ce que ce compte rendu nous apprend sur les personnages et sur le conflit dramatique du film.

4   Enfin, voici un extrait du magazine *Radio Times*, présentant un film français qui est passé sur une chaîne de télévision britannique. Lisez-le, puis écrivez en français un compte rendu pour un magazine français de programmation télévisée (environ 50–70 mots). Par ailleurs si vous avez récemment vu un film français, soit au cinéma, soit à la télévision, vous pouvez en écrire un compte rendu si vous le préférez.

12.45–2.15am Film premiere
Force Majeure

Drama continuing the *Première* season of French films. Starring **Patrick Bruel, François Cluzet**

Philippe, Daniel and Hans meet by chance on a back-packing holiday in South East Asia. As they part company, Philippe and Daniel give Hans their left-over hashish. Eighteen months later, they discover that he has been sentenced to death for drug-trafficking. Their testimony could save a man's life, but could also lead to jail sentences for them. French film with English subtitles.

(*Radio Times*, 10–16 février 1996)

Dossier ◄ ◄ ◄

Chaque fois que vous avez la possibilité de voir un film français à la télévision ou au cinéma, écrivez dans votre dossier deux ou trois phrases sur le sujet du film, suivies d'une courte appréciation – ce que vous avez aimé dans ce film et ce que vous n'avez pas aimé. Notez le nom du réalisateur et des acteurs qui vous semblent intéressants. Si la musique ou la photographie sont remarquables, notez-le aussi. Tous ces renseignements pourront vous être utiles par la suite si vous avez à rédiger un travail sur le thème de la culture: vous aurez ainsi à votre disposition des exemples précis, exprimant votre sensibilité personnelle.

◄ ◄ ◄

C'est parce que les Français sont fiers de leur cinéma qu'ils le défendent avec tant d'acharnement, et nul n'a lutté plus que Jack Lang, ministre de la Culture de 1981 à 1986 et 1988 à 1993.

Vous allez maintenant travailler plus amplement le texte 'Un entretien avec M. Jack Lang', dans lequel il s'exprime sur la situation du cinéma en France. Dans cette activité vous allez commencer par faire un travail de vocabulaire, avant de prendre des notes qui vous aideront plus tard à produire vous-même un texte sur ce sujet puis à enregistrer un reportage. Vous en profiterez également pour réviser l'utilisation de 'y' et 'en'.

Activité 70 AUDIO 16

1 D'abord, lisez le document 'Un entretien avec M. Jack Lang' (*Francothèque*, document 4.21).

2 **D** Maintenant, en cherchant dans votre dictionnaire bilingue, donnez l'équivalent anglais des mots et expressions suivants.

(a) l'hémorragie de spectateurs

(b) pousser de cocoricos intempestifs

(c) (avoir) droit de cité

(d) un parc de salles modernes

(e) le solde est légèrement négatif

(f) vivoter

(g) le cinéma ne doit pas dépendre totalement des chaînes

3 (a) Il y a deux expressions dans le texte qui utilisent les pronoms 'y' et 'en'. Trouvez-les et traduisez-les en anglais.

(b) **D** Trouvez dans votre dictionnaire bilingue l'équivalent anglais des expressions ci-dessous:

(i) rien n'y fait

(ii) on n'y peut rien

(iii) n'y comptez pas

(iv) je n'y suis pour rien

(v) ça y est!

(vi) je n'y comprends rien

(vii) j'y suis

(viii) ne vous en faites pas

(ix) il en va de même pour les arts

(x) il n'y en a plus

(xi) j'en ai assez

(xii) qu'en pensez-vous?

(xiii) je ne lui en veux pas

(xiv) si j'en avais

4 Ensuite, prenez des notes en français sur ce que dit Jack Lang sur le thème de la participation du gouvernement au renouveau du cinéma français.

5 Le ministre de la Culture vient de faire une conférence de presse sur le thème 'Cinéma et télévision: alliance ou concurrence?' Vous êtes journaliste de radio et vous faites un compte rendu en français (d'environ une minute 30 secondes) sur l'essentiel de la conférence. Si vous pouvez y incorporer un ou deux 'y' ou 'en', le style n'en sera que rehaussé! Préparez votre reportage par écrit selon les indications ci-dessous, puis enregistrez-le sur votre cassette personnelle.

• augmentation du nombre de spectateurs

• construction et rénovation de salles de cinéma

• l'enseignement du cinéma

• le rapport entre le cinéma et la télévision

6 Enfin, écoutez sur votre Cassette d'activités l'extrait 16, où se trouve le reportage que nous avons préparé et qui vous servira de modèle.

Boîte à idées

Vous avez maintenant l'habitude de travailler un texte, de noter des expressions, puis de vous tester vous-même quelques jours plus tard pour voir si vous êtes capable de vous les remémorer. Voici une variante de cette procédure.

Faites une liste de toutes les expressions figurées que vous aurez trouvées dans un texte, par exemple dans 'Un entretien avec M. Jack Lang'. Notez-en le sens en français et mettez-les de côté. Quelques jours plus tard, essayez de vous souvenir des expressions françaises en ne regardant que vos notes. Par exemple seriez-vous maintenant en mesure de donner l'expression figurée voulant dire 'faire des déclarations d'un patriotisme excessif? (C'est 'pousser de cocoricos'.)

Pour certains, et parmi eux Jack Lang, l'un des plus grands dangers qui guettent le cinéma français, c'est l'influence américaine qui se fait de plus en plus sentir dans le domaine de l'audiovisuel. Voilà pourquoi l'ancien ministre de la Culture s'est efforcé de faire accepter le principe du protectionnisme culturel et, selon l'expression de François Mitterrand, le droit à la différence.

Vous allez maintenant lire un article traitant justement de protectionnisme culturel. En le lisant vous allez prendre des notes avant d'en écrire un bref résumé en français. Vous aurez aussi besoin de ces notes un peu plus tard.

Activité 71

1 Voici quelques expressions tirées du texte 'Cinéma et anti-américanisme' (*Francothèque*, document 4.18). Avant de lire le texte lui-même, vous allez réfléchir à ce que recouvre chacune d'elles. Cochez la réponse qui convient.

   (a) Le texte parle de 'colonisation culturelle de la France' pour indiquer que:

      (i) la chaîne de télévision Arte est dominée par l'Allemagne alors qu'elle devrait être une chaîne franco-allemande ☐

      (ii) il y a en France trop de productions culturelles américaines ☐

      (iii) la culture en France est de plus en plus influencée par les opinions religieuses de l'Islam ☐

   (b) L'allusion à 'la question des quotas télévisés' fait référence à:

      (i) la trop grande quantité de jeux télévisés italiens ☐

      (ii) la trop grande quantité de dessins animés japonais ☐

      (iii) la trop grande quantité de films américains ☐

2 Maintenant, lisez le texte et prenez des notes en français sous les rubriques suivantes:

   (a) ce qu'on reproche au cinéma américain;

   (b) ce qu'on propose pour contrer son influence;

   (c) l'attitude de Jack Lang et le danger inhérent à sa politique.

3 Les noms et adjectifs ci-dessous se trouvent dans le texte. Complétez le tableau sans consulter votre dictionnaire.

Nom propre	Adjectif dérivé du nom propre
Hollywood	hollywoodien(ne)
	européen(ne)
Mitterrand	
Élysée	

4 En utilisant judicieusement votre dictionnaire, trouvez le nom des habitants de la ville:

   (a) de Nancy;

   (b) d'Hyères.

Former des adjectifs à partir de noms propres

Vous avez déjà eu l'occasion d'étudier les familles de mots. Dans les quinze premières lignes de l'article 'Cinéma et anti-américanisme', vous avez vu: 'anti-américains', 'reconnaître', 'prévues', 'imposer', 'appauvrissant', 'standardisé', 'désavouera', 'reprennent'. La plupart sont formés, comme vous l'avez certainement reconnu, d'un préfixe et d'une racine: 're' + 'connaître', 'pré' + 'voir', 'im' + 'poser', 'dés' + 'avouer', 're '+ 'prendre'. Certains ont à la fois préfixe et suffixe: 'anti' + 'améric-**ain**', 'ap' + 'pauvre' + 'ir', des autres n'ont qu'un suffixe: 'standard' + 'iser'.

Certains suffixes forment des adjectifs à partir des noms des personnes ou des lieux. Par exemple:

-ais(e)

Marseille   marseillais(e)
Toulon   toulonnais(e)
Nantes   nantais(e)
New York   new-yorkais(e)

-ien(ne)

Hollywood   hollywoodien(ne)
Paris   parisien(ne)
Canada   canadien(ne)
Napoléon   napoléonien(ne)
Balzac   balzacien(ne)

-iste

Calvin   calviniste
Bonaparte   bonapartiste

-esque

Molière   moliéresque
Dante   dantesque

Deux remarques: malgré les régularités observées ci-dessus, certaines dérivations sont difficiles à prévoir:

Pompidou   pompidolien(ne)
Londres   londonien(ne)
Chirac   chiraquien(ne)
Kafka   Kafkaïen(ne)

Il n'y a pas d'autre solution que de les apprendre par cœur!

Enfin notez la différence entre *gaulliste* ou *mitterrandiste* (qui soutient les idées de de Gaulle ou de Mitterrand) et *gaullien (ne)* ou *mitterrandien (ne)* (typique de de Gaulle ou de Mitterrand).

> *Dans ma famille nous n'avons jamais été gaullistes.*
> My family never supported de Gaulle.

> *Il a adopté un ton gaullien pour expliquer aux téléspectateurs les sacrifices à faire pour sauver l'économie.*
> He explained to viewers the sacrifices they'd have to make for the health of the economy, in a tone worthy of de Gaulle.

Vous allez maintenant faire un travail oral pour pratiquer ce que vous venez d'apprendre sur les adjectifs. Ce sera aussi l'occasion de travailler certains sons.

Activité 72   AUDIO 17

Trouvez l'extrait 17 de votre Cassette d'activités. Il comporte deux brefs exercices, l'un pour vous faire travailler votre prononciation des sons [y], [u], [ɔ̃], [ɛ̃] et l'autre concernant les adjectifs dérivés de noms propres. Écoutez et répétez.

S'il est vrai que le cinéma est l'une des manifestations culturelles les plus populaires en France, un débat fait rage quant à l'utilité, au coût et à la popularité de l'opéra, surtout depuis la construction de l'Opéra-Bastille à Paris, présenté comme un opéra 'populaire' c'est-à-dire 'accessible à tous'. Vous allez maintenant entrer dans cette discussion.

Opéra-Bastille

Dans les activités suivantes, vous allez prendre connaissance de divers points de vue sur l'opéra 'populaire': en premier lieu, celui d'Alain Duault, critique musical, puis ceux de plusieurs directeurs d'opéras.

Activité 73

1   Tout d'abord, lisez le texte 'La prise de la Bastille' (*Francothèque*, document 4.29).

2   **D**   Cherchez dans votre dictionnaire monolingue le sens des expressions verbales (c'est-à-dire qui contiennent un verbe) suivantes qui sont

tirées de l'article et, sans vous servir de votre dictionnaire bilingue, donnez l'équivalent anglais.

(a) tomber en désuétude

(b) être comble

(c) être branché

(d) être mieux loti

(e) faire florès

(f) prendre en compte

(g) tourner à plein rendement

(h) mettre en œuvre

3 Répondez en français par quelques notes aux questions suivantes.

(a) Quels sont les deux facteurs qui ont provoqué le renouveau de l'opéra?

(b) L'Opéra de Paris obtient des taux de remplissage supérieurs à 100% en vendant des places aveugles. Que sont les 'places aveugles', à votre avis?

(c) Pourquoi peut-on dire que les grandes villes de province sont mieux loties que Paris?

(d) Quelle est la 'définition quantitative' d'un opéra populaire proposée par l'auteur de cet article?

(e) Citez une autre considération qu'on pourrait prendre en compte, selon l'auteur, pour définir l'opéra populaire.

(f) Est-ce que l'Opéra-Bastille pourrait obtenir le label 'populaire'?

(g) Citez les trois raisons pour lesquelles l'auteur trouve que le concert inaugural de l'Opéra-Bastille n'a rien de 'populaire'.

Le deuxième texte sur ce thème va vous fournir l'occasion de constituer, en prenant des notes, un fonds d'opinion dont vous aurez besoin pour le débat auquel vous serez ultérieurement convié(e) à participer.

Activité 74

1 D'abord, lisez le document 'L'opéra pour tous' (*Francothèque*, document 4.31), en ne vous concentrant que sur l'idée de 'l'opéra populaire'.

2 Maintenant, répondez en français aux questions suivantes.

(a) Quel directeur d'opéra met l'accent sur l'éducation du public?

(b) Quels directeurs pensent que le concept de l'opéra populaire implique un opéra qui attire le plus de monde possible?

(c) Quel directeur dit qu'il faut diversifier le public plutôt que l'élargir?

(d) Quel directeur croit que l'opéra est forcément populaire?

3 Maintenant, prenez des notes en français sur le thème suivant:

Qu'est-ce que 'l'opéra populaire' selon les directeurs d'opéra dont le journal publie les témoignages?

Vous allez entendre un extrait d'émission radiophonique destiné à vous fournir le vocabulaire nécessaire à votre participation au débat final de ce livre. Autour de l'animatrice, deux invités se trouvent en désaccord sur ce que veut dire 'opéra populaire'.

Activité 75 AUDIO 18

1 D'abord, écoutez sur votre Cassette d'activités l'extrait 18.

2 Maintenant, répondez brièvement en français aux questions suivantes (une phrase par réponse suffira).

(a) Comment est-ce que Jean Mercier définit l'opéra populaire dans sa première intervention?

(b) Quelle est l'opinion d'Élizabeth Coutant, la première fois qu'elle parle?

(c) Est-ce que Jean Mercier, dans sa deuxième intervention, est d'accord avec elle?

(d) Quel est le facteur sur lequel Élizabeth Coutant veut insister, dans sa deuxième intervention?

Activité 76 AUDIO 19

1 Préparez une intervention pour une émission comme celle que vous avez écoutée dans l'activité

75 (environ 200 mots). À titre d'exemple, votre opinion pourrait s'appuyer sur les considérations ci-dessous (mais si vous avez d'autres idées sur le sujet, libre à vous de les utiliser de préférence aux nôtres).

- l'opéra est à la mode et attire un public de plus en plus vaste

- comment définir 'l'opéra populaire'

- votre opinion personnelle sur le moyen de créer l'opéra populaire:
    - subvention de l'État?
    - subvention de la loterie nationale comme à Covent Garden?
    - parrainage de grandes entreprises?
    - éducation des jeunes?

2 Maintenant, trouvez l'extrait 19 de votre Cassette d'activités et écoutez le débat, en y participant à chacune des occasions où l'animatrice vous y invitera. Il y en a trois et il vous faudra arrêter la bande chaque fois afin de parler:

- … allez-y, votre réaction?

- … ce que vient de dire Roger Tanvret?

- … c'est à vous, allez-y.

Il existe maintenant une technologie qui permet de lire sur l'écran d'un ordinateur n'importe quel texte littéraire ou autre. Il s'agit bien sûr du CD-ROM. La culture n'échappe pas à la domination croissante du CD-ROM. Voici que nous pouvons maintenant lire des livres sur nos écrans.

Activité 77 AUDIO 20

1 D'abord, lisez l'article 'Livres de lumière' (*Francothèque*, document 4.36).

Vocabulaire

des usuels (handy) reference manuals

quelques barrettes de mémoire some memory modules

bidouillages de plus extra fiddly bits

Notes culturelles

la Pléiade maison d'édition française qui se spécialise dans des éditions complètes d'auteurs français et étrangers, appuyées par une étude très approfondie

Elzévir maison d'édition

du Luxembourg les jardins de l'hôtel du Luxembourg à Paris, ouverts au public

'Andromaque' tragédie de Racine

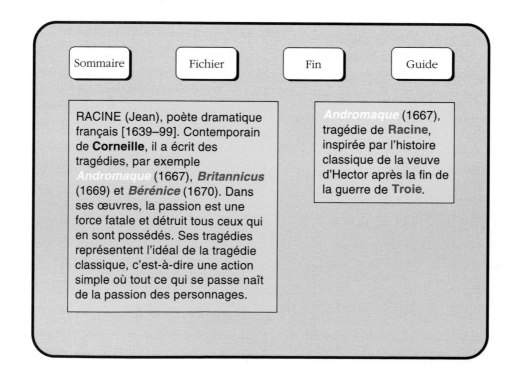

Sommaire | Fichier | Fin | Guide

RACINE (Jean), poète dramatique français [1639–99]. Contemporain de **Corneille**, il a écrit des tragédies, par exemple *Andromaque* (1667), ***Britannicus*** (1669) et ***Bérénice*** (1670). Dans ses œuvres, la passion est une force fatale et détruit tous ceux qui en sont possédés. Ses tragédies représentent l'idéal de la tragédie classique, c'est-à-dire une action simple où tout ce qui se passe naît de la passion des personnages.

Andromaque (1667), tragédie de **Racine**, inspirée par l'histoire classique de la veuve d'**Hector** après la fin de la guerre de **Troie**.

2 Répondez en français aux questions suivantes (une phrase par réponse).

(a) Quelle est la capacité d'un CD-ROM?

(b) Citez deux ouvrages de référence qui sont disponibles sur CD-ROM.

(c) Pourquoi est-ce que l'auteur prétend que celui qui se sert de cette nouvelle technologie est seul?

(d) Quelles possibilités envisage-t-il pour l'avenir?

(e) Que pense-t-il de l'avenir des livres en papier?

(f) Quel est l'avantage de ces nouveaux livres sur disquette?

3 Lisez ci-dessous la transcription incomplète d'un dialogue entre une vendeuse de CD-ROM et vous. Préparez vos réponses par écrit en suivant les suggestions données en anglais et en vous référant à l'article.

LA VENDEUSE   Oui, bonjour. Vous désirez?

VOUS   (Hello, I'd like some information about CD-ROMs, please.)

LA VENDEUSE   Certainement. Qu'est-ce que vous voulez comme renseignement?

VOUS   (First of all, what equipment is needed?)

LA VENDEUSE   Vous avez un ordinateur? Bon. D'abord, les CD-ROM ont besoin de mémoire, donc il vous faudra peut-être ajouter quelques barrettes de mémoire.

VOUS   (I think my computer already has enough memory.)

LA VENDEUSE   Bien. Dans ce cas-là, tout ce qu'il vous faut, c'est un lecteur de CD-ROM, une sorte de mange-disques qu'on peut installer dans l'ordinateur s'il y a assez de place, ou à côté s'il n'y en a pas.

VOUS   (I'm particularly interested in reference works. What's available on the market?)

LA VENDEUSE   Eh bien, justement, ce système se prête parfaitement aux ouvrages de référence, donc on peut trouver tous les usuels indispensables, voyez, par exemple le grand *Robert*, l'*Encyclopédie Grolier*, etc.

VOUS   (I've read somewhere that a lot of literary works are available on CD-ROM.)

LA VENDEUSE   Oui, il y a un grand choix de textes littéraires français et étrangers.

VOUS   (What's the advantage of a CD-ROM compared with a printed book?)

LA VENDEUSE   Le principal atout du CD-ROM, c'est la notion d'hypertexte. On peut demander à la disquette combien de fois un certain mot est présent, combien de fois il est associé à tel autre mot, etc., etc.

VOUS   (How much information can a CD-ROM contain?)

LA VENDEUSE   C'est extraordinaire. Un CD-ROM peut contenir deux millions de pages de texte.

VOUS   (So, let's say, the complete works of Shakespeare.)

LA VENDEUSE   Tout Shakespeare, et bien plus encore. Toute la littérature latine, de l'Antiquité, tient sur un seul CD-ROM. C'est incroyable.

VOUS   (Yes, it's incredible, but I don't see how electronic books could replace traditional books.)

LA VENDEUSE   Pas encore, peut-être, mais un jour. Qui sait?

VOUS   (With a book I can turn down the corner of a page, write in the margin, slip it into my pocket, read it anywhere.)

LA VENDEUSE   Oui, c'est vrai. Mais on aura bientôt des livres lumineux, sur de petits écrans de poche, dont on tournera les pages en appuyant sur un bouton. Voilà, je vous donne un catalogue de nos CD-ROM, vous pourrez faire votre choix tranquillement.

VOUS   (Thanks very much, I'll think about it.)

4 À vous maintenant d'aller demander des renseignements à la vendeuse. Cachez la transcription ci-dessus. Écoutez l'extrait 20 de votre Cassette d'activités, et répondez sans lire vos notes.

À vous

Vous savez déjà que la France s'efforce de protéger autant que possible son patrimoine culturel. Cet effort touche non seulement le cinéma français et les arts en général, mais aussi la musique populaire. Une loi entrée en vigueur le 1ᵉʳ janvier 1996 impose aux radios un quota minimum de chansons francophones de 40%. Tout le monde n'est pas d'accord, comme vous allez vous en rendre compte en écoutant une discussion à ce sujet.

Les deux dernières activités de ce livre sont basées sur cette discussion. Dans la première, vous réviserez votre technique de prise de notes, et dans la seconde vous mettrez celle-ci à profit pour intervenir oralement dans le débat sur la lutte entre culture francophone et culture anglo-américaine sur les radios françaises.

Activité 78 AUDIO 21

1   Tout d'abord, lisez la liste ci-dessous de manière à vous familiariser avec les thèmes du débat sur les quotas et la radio française.

- contenu de la loi du 1ᵉʳ janvier, en gros (types de radios affectées, chiffres importants, dispositions d'exclusion);

- impact sur la radio où travaille la responsable de programmation Christine David (dispositions déjà prises, dispositions à prendre);

- raisons des difficultés éprouvées (pratique des maisons de disques, profil d'audience de la radio de Christine David, mission vis-à-vis des artistes, qualité des artistes français);

- conséquences prévues;

- solution préconisée.

2   Écoutez l'extrait 21 de votre Cassette d'activités, en prenant des notes. Souvenez-vous des techniques rencontrées jusqu'ici: utilisez des abréviations, préparez une grille. Les thèmes ci-dessus sont dans l'ordre et peuvent vous servir de rubriques, mais Christine (qui parle sur la cassette) revient parfois en arrière: à vous d'être vigilant(e). Faites comme si vous écoutiez une véritable émission de radio, et donnez-vous pour but d'extraire tous les détails nécessaires en une seule écoute!

3   À partir de vos notes, rédigez un éditorial en français (environ 350 mots) pour une revue spécialisée destinée aux programmateurs de radio *Studio 2000*. Vous y exposerez l'essentiel du problème des quotas, et vous défendrez ou attaquerez la loi sur les 40%. N'oubliez pas de:

- varier la présentation des aspects de la question (p. 27);

- défendre vos idées (pp. 51–2).

Activité 79 AUDIO 22

Christine David, avec qui vous avez fait une enquête sur le thème 'Les quotas et les radios françaises', devait présenter le travail que vous avez fait ensemble à un groupe de collègues journalistes de radio. Empêchée à la dernière minute, elle vous a demandé de la remplacer. 'Tu n'as pas besoin de faire un long discours', vous a-t-elle dit, 'deux minutes suffiront.'

Préparez une présentation en français de deux minutes puis enregistrez-la sur votre cassette personnelle. Vous pourrez vous appuyer sur votre travail de l'activité précédente mais il s'agit ici d'oral, par conséquent veillez à ne lire ni votre texte ni vos notes (vous pouvez consulter celles-ci avant de commencer à parler). Ensuite écoutez notre version, qui se trouve à l'extrait 22 de votre Cassette d'activités, et lisez-la dans votre Livret de transcriptions.

Taking stock

Cochez la bonne réponse.

1 Tintin a fait sa première apparition en:

(a) 1931 ❑

(b) 1929 ❑

(c) 1927 ❑

2 Mise à part la France, le pays européen où la bande dessinée francophone connaît un très grand essor est:

(a) le Luxembourg ❑

(b) la Belgique ❑

(c) la Suisse ❑

(d) la principauté de Monaco ❑

3 Le Centre national de la bande dessinée est à:

(a) Montréal ❑

(b) Bruges ❑

(c) Paris ❑

(d) Angoulême ❑

(e) Bruxelles ❑

4 Le nombre de français qui possèdent au moins un album de BD est:

(a) un sur deux ❑

(b) un sur trois ❑

(c) un sur dix ❑

5 La production de BD en France a baissé. De 765 nouveaux titres en 1991, elle est passée à 504 en 1994. C'est:

(a) parce qu'il y a eu des lois anti-porno en 1992 ❑

(b) parce qu'il y a eu surproduction au début des années 1990 ❑

(c) à cause du développement de la location de vidéos pour enfants depuis 1990 ❑

6 On a choisi le 21 juin pour la Fête de la musique parce que c'est la date:

(a) de l'équinoxe ❑

(b) du solstice ❑

(c) du saint patron des musiciens ❑

(d) de l'anniversaire de Jack Lang ❑

7 La 'chanson intellectuelle' a fait ses débuts:

(a) à Saint-Germain ❑

(b) à Saint-Paul-de-Vence ❑

(c) à Nantes ❑

8 Combien de Français jouent d'un instrument de musique?

(a) un million cent cinquante mille (1 150 000) ❑

(b) quatre à cinq millions (4 000 000 à 5 000 000) ❑

(c) impossible de l'estimer ❑

9 L'année 1985 a été:

(a) l'Année de la chanson francophone ❑

(b) l'Année européenne de la musique ❑

(c) l'Année de la chanson féministe ❑

10 Parmi les pays associés à la Fête de la musique, on trouve:

(a) l'Amérique du Nord ❑

(b) l'ancienne Union Soviétique ❑

(c) les pays du sous-continent indien ❑

11 André Malraux est:

(a) l'architecte de la Pyramide du Louvre ❑

(b) un écrivain qui a beaucoup critiqué la construction de la Grande Arche ❑

(c) le premier ministre français des Affaires culturelles ❑

12 *Les amants* est le nom:

   (a) d'une exposition de graffiti romantiques organisée en 1994 par le centre Georges-Pompidou ❏

   (b) d'un film de Louis Malle ❏

   (c) d'une œuvre du sculpteur César ❏

13 Le musée du Louvre a doublé sa surface d'exposition en:

   (a) annexant le musée d'Orsay ❏

   (b) acquérant l'aile Richelieu ❏

   (c) envoyant son surplus de tableaux au musée Guimet de Lyon ❏

   (d) ouvrant la Cour carrée ❏

14 Lors des négociations du Gatt, en décembre 1993, la France:

   (a) a demandé un soutien de la part du Canada francophone ❏

   (b) a annoncé la mise en place d'un quota de films anglophones au festival de Cannes ❏

   (c) a fait accepter le concept d'"exception culturelle' par les négociateurs américains ❏

15 Rolf Liebermann a été directeur:

   (a) de l'Opéra de Paris ❏

   (b) de la Comédie-Française ❏

   (c) du Théâtre de la Gaîté Lyrique ❏

   (d) de l'Opéra-Bastille ❏

Revision

Now that you have come to the end of the book, here are some suggestions to help with your revision.

- Consult the Key Learning Points for each section as a checklist of what you need to revise and go through each of the grammar and style explanations.

- Re-do some of the *activités* checking them against the relevant *corrigés*.

- Read through the notes in your Dossier and work through the *Boîtes à idées* to help consolidate what you have learned. Concentrate on those points about which you don't yet feel totally confident.

- Read through your Transcript Booklet to remind you of the language you learned on the video and audio cassettes.

If you have not yet consulted your Notes on Language and Style, now is the time to do so. Their purpose is to enable you to identify areas where you may have difficulty and to offer you a chance to practise.

Lectures et informations complémentaires

Livres sur la bande dessinée

GAUMER et MOLITERNI, (1994) *Dictionnaire mondial de la Bande Dessinée*, Paris, Larousse.

PEETERS, B. (1991) *Case, planche, récit*, Tournai, Casterman.

GROENSTEEN, T. (1989) *Bande dessinée, récit et modernité*, Futuropolis, Paris.

ASSOULINE, P. (1996) *Hergé*, Plon.

Albums de bande dessinée

SCHUITEN et PEETERS, *Les cités obscures* (collection), Tournai, Casterman.

Les auteurs suivants ont publié de nombreux albums. Voir, à titre d'exemple:

HERGÉ, (1963) *Tintin au Tibet*, Tournai, Casterman.

GOSCINNY et UDERZO, (1961) *Astérix le Gaulois*, Glénat.

MORRIS et GOSCINNY, *Lucky Luke*, Dargaud.

Livres sur la chanson française

VERNILLAT, F. et CHARPENTREAU, J. (1971) *La chanson française*, Que sais-je, no. 1453, Presses Universitaires de France.

FLEOUTER, C. (1988) *Un siècle de chansons*, Presses Universitaires de France.

RIOUX, L. (1992) *50 ans de chanson française*, Paris, L'Archipel.

Magazines spécialisés dans la chanson

Chanson magazine

Rock et folk

Les inrockuptibles

Une autre chanson (Belgique)

Chansons d'aujourd'hui (Québec)

D'intérêt général

LOOSELY, D. (1996) *The politics of fun: cultural policy and debate in contemporary France*, Berg.

Émissions de télévision

Notes pratiques

Toutes informations concernant les horaires, les titres d'émissions et les numéros de chaîne sont sujettes à changements. Les renseignements ci-dessous sont correctes au moment où nous écrivons ceci.

Les horaires ci-dessous sont en heures françaises.

TF1 et France 2 sont disponibles sur le satellite France-Telecom 1.

TV5 est disponible sur le câble.

Vous verrez sur ces chaînes non seulement les magazines culturels mentionnés ci-dessous, mais aussi de nombreux films francophones.

Émissions

Une émission présentant des livres vous offre le moyen de vous tenir au courant de l'actualité culturelle française. C'est:

Bouillon de culture, France 2. La plus prestigieuse émission culturelle française, touchant tous les domaines artistiques. Tous les vendredis à 22 h 35, rediffusée par TV5 le mardi à 22 h 35.

Autres émissions utiles pour suivre l'actualité artistique en France et dans le monde francophone:

Paris lumières, TV5. Reportages sur des aspects de la vie culturelle à Paris. Du lundi au vendredi, 19 h.

Vision d'Amériques. Une émission qui montre que les francophones sont actifs dans le domaine culturel en Amérique. Rediffusée par TV5 tous les jours sauf dimanche, 18 h 15.

La chance aux chansons, France 2. Une émission de variétés où se produisent des vedettes de la chanson française. Tous les mardis à 15 h 45.

Sites Internet

Les sites Internet changent fréquemment d'adresse. Il n'est donc pas très utile de recommander des adresses spécifiques. Cependant, voici quelques mots-clés à utiliser lors de vos recherches:

- *Ambassade de France à Londres (Services culturels)*. L'Ambassade publie sur Internet la revue *Tandem*, magazine bilingue français-anglais qui traite de l'actualité culturelle française dans tout le Royaume-Uni

- *Ministère de la Culture et de la Francophonie*. Vous pouvez avoir accès directement aux services culturels du Ministère en France.

- *Virtual baguette*. Sur ce serveur, vous retrouverez Benoît Peeters et la BD.

- *Frogmag*. Magazine électronique en français, littérature, musique, cinéma etc.

Et, de façon générale, en demandant 'French language and culture', vous pouvez accéder à de nombreux autres sites, ainsi qu'à des livres, poèmes et chansons.

Corrigés, modèles et commentaires

Activité 1

1 (a) (i)   Astérix: France

    (ii) Andy Capp: Grande-Bretagne

    (iii) Charlie Brown: États-Unis

    (iv) Tintin: Belgique

    (iv) Superman: États-Unis

(b) We have chosen 'Astérix' because of the social and historical interpretation which is often given about this character.

Appearance: small (*petit*), energetic (*vif*), moustached (*moustachu*).

Friends: all the villagers in the heroic little community which, alone in the whole of Gaul, has withstood invasion, but is besieged by the Romans. His best friend is the none too bright but loyal Obelix, a corpulent and muscular sidekick who can always be called upon when it comes to a fight.

Enemies: the Roman invaders. (They have sometimes been held to represent the occupying Nazis, but the comic book series differs from history in that Asterix, the archetypal Frenchman, endowed, as he likes to think, with superior intelligence, regularly defeats the stupid invader.)

Qualities (or weaknesses!): brave (*courageux*), always ready for a fight (*bagarreur*), cunning (*rusé*), obstinate (*obstiné*), loyal to his country (*patriote*).

His (and Obelix's) favourite food is roast wild boar, eaten at a triumphant banquet at the end of every story to celebrate defeating the Romans yet again.

Their favourite expression is *Ils sont fous, ces Romains!* ('These Romans are crazy!'), a benign mark of puzzlement at the incomprehensible habits and daft ways of these foreigners, made in the confident knowledge that the Gaul's way of life is far superior.

2 There is no single answer to this but here are two very different opinions.

(a) J'adore la BD. Je trouve qu'elle peut avoir des dimensions historiques très intéressantes. Par exemple, j'ai récemment découvert les BD américaines *G.I. Joe* de David Breger, et *Male Call* de Milton Cariff, toutes les deux publiées en 1942 pour faire rire les soldats américains. On y découvre les peurs et les espoirs de toute une époque.

(b) Je ne lis plus de bande dessinée car, pour moi, c'est une forme de lecture réservée aux enfants. Cependant, il y a quelques années, j'ai lu un album d'Astérix. C'était pour améliorer mon français tout en m'amusant. Je suppose donc que les adultes peuvent aussi lire des bandes dessinées pour se distraire ou pour s'instruire.

Activité 2

2 The correct order is (c), (a), (d), (b), (e), (h), (j), (f), (i), (g).

Activité 3

1 You could have given any of the following answers.

On ne sait pas vraiment quelle est l'origine de la bande dessinée.

L'origine de la bande dessinée est controversée.

Elle donne lieu à des controverses.

(2) (a) Alliteration is the repetition of a sound within a word, a phrase or a verse, to create a poetic or a comic effect. Here, 'La Famille Fenouillard', 'Bibi Fricotin', 'Gaston Lagaffe' and 'Lucky Luke' are examples of alliteration, in 'f', 'i', 'ga' and 'l' respectively.

(b) The other names are plays on words summing up the main characteristics of the character.

Le Sapeur Camembert is a very ordinary and humble anti-hero, as ordinary, everyday and humble as the camembert that features on many French families' tables any day of the week.

Le Savant Cosinus is a scientist with his head full of mathematical symbols, sine (in French *sinus*) and cosine (in French *cosinus*) included.

Bécassine is a much-loved heroine, whose adventures were published in a magazine for young girls in the 1900s. Named after the bird *bécasse* ('snipe') which had always been used as a form of insult for girls or women (similar to 'goose' in English), Bécassine was well-meaning but extraordinarily naive. She is enjoying renewed popularity today with videos, rag dolls and other merchandise. To this day the words *bécassine* and *bécasse* are used (to girls only) as insults with similar connotations to the English phrase 'silly goose'.

Lucky Luke speaks for itself!

Gaston Lagaffe is named after his talent for blundering (*la gaffe*) and his popularity is such that clumsy adolescents are sometimes called 'Gaston Lagaffe' by unkind friends or parents who read comic books.

Finally, did you notice the *faux ami* 'caractère' in part 2 of this activity? In French this means 'temperament' and not 'fictitious person'.

3 Selon Michel Pierre il est plus facile d'ouvrir un album de BD que de brancher un poste de télévision ou d'aller au cinéma.

4 La BD francophone date de la fin du XIXème siècle. 'La Famille Fenouillard' est apparue en 1889.

Activité 4

The eleven errors in the text are shown in bold.

Ce qui m'a étonné(e) au départ, c'est l'extérieur du bâtiment. L'architecture est plutôt surprenante. C'est un mélange d'ancien et **de moderne**: le bâtiment d'origine, qui abrite le Centre **national** de la bande dessinée est en **vieilles pierres**. Les murs sont à angles droits. Toutefois, une partie moderne a été rajoutée. Celle-ci est entièrement en **verre** et a une forme **arrondie**. Quand on pousse la porte d'entrée, en **verre**, bien entendu, on se trouve dans un **vaste** hall de réception. À l'intérieur du musée, les collections sont disposées de part et d'autres d'allées **faiblement** éclairées car il faut bien protéger les planches originales des méfaits de la lumière. Chaque section est séparée de sa voisine par une sorte de mur **en arrondi**, sur lequel est disposée une rangée d'ampoules. Dans chaque section se trouvent les vitrines. Celles-ci sont bien éclairées, claires et modernes et mettent en valeur les **planches originales** qui y sont exposées.

Ce musée raconte l'histoire du **neuvième** art et nous fait découvrir une facette de l'art contemporain. Ne manquez pas de le visiter.

Activité 5

2 All the statements are true except the following.

(a) Les premières BD sont apparues au **début** et non à la fin du XIXème siècle.

(b) Töpffer était de nationalité **suisse** et non française.

(d) Il a créé **sept** et non neuf albums

(f) Töpffer n'utilisait pas les 'bulles'.

(g) Dans les œuvres de Töpffer, le texte apparaît sous l'image.

(k) C'est **Töpffer** et non Hergé qui est considéré comme l'inventeur de la BD.

Activité 6

2   This is what Thierry Groensteen et Benoît Peeters actually said. The words you should have filled in are in bold. In brackets we remind you of the clues which should have helped you choose the words.

(a)   … la première chose qui frappe quand on considère rétrospectivement son travail, c'est l'extraordinaire **rapidité de ses progrès, de son apprentissage**. En l'espace de cinq ans, entre 1929 et 1934 – qui est l'année du *Lotus bleu*, le premier véritable chef-d'œuvre d'Hergé – Hergé a tout compris de la bande dessinée, il a tout inventé ou réinventé.

(The second sentence gives an example of the artist's development over time. The word *rapidité*, which is related to time, was therefore the better choice.)

(b)   Si vous prenez même une page d'Hergé, une page des *Aventures de Tintin,* bon, c'est une bande dessinée d'aventures, bien sûr, c'est une bande dessinée extrêmement accessible, mais en même temps, **chaque case est une pe… une petite miniature.**

(The beginning of the sentence refers to one page, leading you to expect that the example given will focus on what you can see on one page, and not on several. Also, *miniature* makes more sense after *mais*.)

(c)   … on utilise l'expression **'ligne claire'**. Qu'est-ce que ça veut dire? D'abord que, effectivement, le dessin d'Hergé sacrifie tout à une exigence qui est celle de la clarté, de la lisibilité.

(The phrase *ligne claire* may well not have been familiar to you (it is a technical term) but the verbal clue was *clarté*, a member of the same family of words as *clair*. Linking these two words, you could guess which option was right without the help of a dictionary. As for the meaning of *ligne claire*, Thierry illustrates it with the analogy of the stained glass window and its lead surround.)

(d)   Seul ce qui est nécessaire pour l'intelligibilité de l'image est représenté. Euh, Hergé **simplifie** donc les, les formes…

(The key words are *seul* in the first sentence and *donc* in the second. *Seul* implies a limitation ('only that which is necessary to make the image comprehensible…'). As *donc* occurs in the second sentence, we expect Thierry to illustrate the idea of limitation. So *simplifier* fits better than *amplifier*.)

(e)   … il les cerne par un trait de contour, **qui est le même partout, la même épaisseur, sans pleins, sans déliés, sans nuances,** euh, et à l'intérieur de ces formes, pratiquement pas de détails, mais une couleur qui vient remplir les formes en aplat, c'est-à-dire qu'il n'y a pas de dégradé, il n'y a pas de modelé, il n'y a pas non plus de nuance dans la couleur.

(The second part of Thierry's explanation stresses the extreme simplicity of Hergé's technique. This ties in with option (i), which further stresses monotony by repeating *même* and *sans*.)

(f)   C'est un petit peu la technique du vitrail, avec **le cerne de plomb** et les verres colorés à l'intérieur.

(Common sense helps here: stained glass windows are not uniformly made out of circles of lead. But there was also a verbal clue, i.e. Thierry's use of the verb *cerner* in (e).)

Activité 7

1   (b)   (i)   On crée la surprise entre la fin d'une page à droite et le début d'une page à gauche.

(ii)   Les cases horizontales ralentissent l'action.

(iii)   Les images verticales donnent un sentiment plus vertigineux.

2   (a)   La main sur le miroir cache un insecte.

(b)   Il apparaît sur le dos de la main, en plus grand que l'original.

(c)   Cette apparition crée un sentiment d'inquiétude.

(d)   Ce sentiment ne dure pas jusqu'à la fin de la planche, car la main devient caressante, rassurante.

Activité 8

The only true statement was 3.

1   Les grandes réussites de la bande dessinée francophone sont liées à des trouvailles langagières.

2   *Astérix* tire ses effets comiques des jeux de mots.

4   Le capitaine Haddock éructe des insultes.

5   Le capitaine Haddock est un personnage rabelaisien.

6   On sent le **ton** du capitaine Haddock.

(This was a trick question based on the words *thon* 'tuna' and *ton* 'tone'.)

Activité 9

2   Here is the completed table.

Titre du journal	Année de création	Type de lecteurs
Pilote	1959	enfants, puis adolescents et adultes
Astérix	années soixante	adultes et enfants
divers titres, non cités	récemment	adultes

3   (a) (ii)
    (b) (ii)
    (c) (i)

Activité 10

1 (b)
2 (c)
3 (a)
4 (b)
5 (a)

Activité 11

1   (a) simplifie (*from* simplifier), la simplification

        (You could also have said *la simplicité*.)

    (b) a codifié (*from* codifier), la codification

2   Here is the complete passage, with changes shown in bold.

C'est **par la juxtaposition de** différentes techniques **de narration** que l'auteur de BD crée un univers plein de mouvement et de vie. Il peut par exemple ménager un suspense en bas d'une page à droite, et **faire une révélation** en haut de la page suivante. Il peut aussi créer certains effets dramatiques **grâce à l'association de** cases verticales avec des cases horizontales.

3   (a) rapide   rapid**ité**

    (b) régulier   régular**ité**

    (c) identique   ident**ité**

    (d) unir   un**ité**

    (e) écrire   écri**ture**

    (f) peindre   pein**ture**

    (g) graver   grav**ure***

    (h) lire   lec**ture**

* If you put *gravité* here, remember to use meaning as a clue to work out which words belong to a particular family (*gravure* means 'engraving'). The family of *gravité* has words like *grave*, *aggraver* and *aggravation* in it.

Activité 12

1   finalement, vraiment, graphiquement, seulement, proprement, directement, parfaitement.

2   Here are the words ending in *-age* and *-ement*.

    (a) [Töpffer] suit à la trace, au fil de nombreuses péripéties, des **personnages** ridicules.

    (b) [Concernant Hergé] la première chose qui frappe quand on considère **rétrospectivement** son travail, c'est l'extraordinaire rapidité de ses progrès, de son **apprentissage**.

    (c) [Ce qui est typique de la BD] c'est, par exemple, l'**agencement** de différentes images, on dit 'cases', dans la même page.

    (d) [S'agissant de l'évolution du neuvième art] Et donc, **insensiblement**, et ça va se précipiter à partir de 1968 avec les événements de mai et tous les **changements** qui vont s'ensuivre.

(e) [Aujourd'hui, il] y a des tentatives de journaux intimes en bande dessinée, des **reportages** en bande dessinée.

(Note that in (b) and (d), the words ending in *-ement* are adverbs. Note also that *apprentissage* is the only noun here ending in *-age* which belongs to the same word family as an irregular verb (*apprendre*). The nouns in (c) and (d), are linked to verbs ending in *-er* (*agencer, changer*).)

Activité 13

1   The past participles and nouns that you should have underlined are in bold.

(a) Pendant toute ma jeunesse, j'ai **acheté** des **albums** d'*Astérix*.

(b) Il ne sait pas bien dessiner, alors il a **décalqué** les **images**.

(c) Les **récits** en images que Töpffer a **inventés** sont ce qu'on appellerait aujourd'hui des bandes dessinées.

(d) Les *Aventures de Tintin*, qu'Hergé a **écrites** et **dessinées**, n'ont pas pris une ride.

(e) Admirez la finesse du trait dans ces **planches** qu'a **peintes** Enki Bilal.

(f) Je collectionne les **albums** que Goscinny et Uderzo ont **réalisés**.

(g) Il faut acheter les **revues** que ces jeunes éditeurs ont **produites**, afin d'encourager une forme originale de création.

2   In the last five sentences the direct object comes before the verb to which it refers. When the object comes before the verb, the past participle agrees in gender and number with the object. (See pp. 16–17.)

Activité 14

1   Examples (a), (c), (e) and (f) correspond to box no. 5, while (b), (d) and (g) are examples of the option in box no. 4.

2/3 Here is the complete poem. The words you should have filled in are in bold. The two past participles where the feminine ending can be heard are underlined.

La porte que quelqu'un a **ouverte**
La porte que quelqu'un a **refermée**
La chaise où quelqu'un s'est **assis**
Le chat que quelqu'un a **caressé**
Le fruit que quelqu'un a **mordu**
La lettre que quelqu'un a **lue**
La chaise que quelqu'un a **renversée**
La porte que quelqu'un a **ouverte**
La route où quelqu'un court encore
Le bois que quelqu'un traverse
La rivière où quelqu'un se jette
L'hôpital où quelqu'un est mort.

4   La lettre provenait peut-être d'un amant, ou d'une amante, annonçant une séparation prochaine. Elle contenait peut-être l'annonce du décès d'un être cher. Il y était peut-être question de graves dettes, et d'une saisie judiciaire imminente. Ce sont trois scénarios classiques, mais l'imagination aidant, on peut en envisager d'autres…

5   In *Il y était peut-être question*, *y* stands for *dans la lettre*. In *on peut en envisager d'autres…*, *en* stands for *des scénarios*. If you did not remember the use of these pronouns, you should re-read page 17 or consult your Grammar Book (pp. 75–6 for *en* and pp. 77–8 for *y*).

Activité 15

1   (a) Oui, il les a produites.

(b) Oui, je les ai rencontrés.

(c) Oui, ils l'ont publiée.

(d) Non, ils ne les ont pas reprises.

(e) Oui, c'est elle qui en a eu l'idée.

2   Here is the complete set of questions and answers. Feminine endings which affect pronunciation are underlined. Your answers are in bold.

–   C'est le ministère de la Culture qui a eu l'idée de ce musée?

–   **Ce musée? Non, c'est moi qui en ai eu l'idée.**

–   Vous n'êtes jamais allé(e) au musée d'Angoulême?

–   **Au musée d'Angoulême? Non, malheureusement, je n'y suis jamais allé(e).**

– Où as-tu mis la photo d'Hergé? En première page?

– **La photo d'Hergé? Oui, je l'ai mise en première page.**

– Yvan et Olivier publient encore beaucoup de leurs propres œuvres dans leur petite revue?

– **Dans leur petite revue? Non, maintenant ils n'en publient plus beaucoup.**

– Elle m'avait montré deux albums de Coemius dédicacés par lui. C'est vrai qu'elle a détruit ces deux BD?

– **Les deux BD? Oui, c'est vrai qu'elle les a détruites.**

Activité 16

Synonyms are shown in bold.

1 La tortue **a doublé** le lièvre avant la ligne d'arrivée.

2 Le séjour de Tintin chez les Incas **n'a pas excédé** quinze jours.

(Careful reading of the dictionary will also show you that *excéder* has another meaning altogether, 'to infuriate'.)

3 Il **a outrepassé** les limites de ce qu'il pouvait révéler en tant que journaliste.

4 Elle **n'est pas à la hauteur** des événements.

5 C'est un artiste qui **surpasse** tous les autres par son originalité et son talent.

6 Son humour me **laisse perplexe**.

(Note that different prefixes can be used with the same root to give similar meanings e.g. *dé*passer, *sur*passer, *outre*passer.)

Activité 17

2 Here are the illustrator's lines. The words you should have filled in are in bold.

– Ah non! Au contraire! Le gag, c'est de montrer le conflit entre Haddock et lui. Il nous faut plutôt un personnage petit, **crispé**, l'air **antipathique**, du genre Averell Dalton.

– Tu veux dire **calme** et **bienveillant**? Je trouve que ça ne se prête pas véritablement à la comédie.

– Ah non, là tu insultes le pauvre capitaine Haddock, qui est bruyant, sans doute, mais **courageux** et **loyal**, surtout envers son ami Tintin.

(Note that *malicieux* is a *faux ami*, meaning 'cheeky' or 'mischievous'. It has no pejorative connotations in French at all.)

Activité 18

(a) surestimer	Nous avons peut-être **surestimé** le marché de la BD car les ventes sont en baisse.
(b) déplacer	La demande n'est pas fixe: elle s'est récemment **déplacée** de la presse vers les albums. (You may have chosen *remplacée*, which means 'to put back' or to 'set back in context', and so is not appropriate in this context.)
(c) démonter	Dans la vidéo, Benoît **démonte** pour nous l'un des mécanismes narratifs de *Tintin au Tibet*. (*Démonter* usually means 'to take to bits', for example *démonter une machine/un moteur de voiture*. Here, it is used figuratively.)
(d) réapparaître/ reparaître	Le petit insecte de Baudoin disparaît un moment puis **réapparaît/ reparaît** au dos de la main du personnage.

Activité 19

1

(a) scores de ventes	(iv)	résultats commerciaux
(b) point fort de l'année	(vii)	époque la plus importante des douze mois
(c) d'envergure moindre	(i)	de plus petite taille
(d) s'égrèneront	(iii)	vont avoir lieu successivement
(e) demeure la référence	(viii)	reste la ville et l'événement les plus significatifs
(f) ne dément pas	(v)	affirme
(g) un bon cru	(vi)	une année où la qualité a été bonne
(h) 'casse humaine'	(ii)	conséquences sociales catastrophiques

3   Here is the complete summary. The words you should have inserted are in bold

> Le **Salon d'Angoulême** n'est pas le seul en France mais c'est le plus important. Les BD françaises y réalisent des ventes extraordinaires, témoin *Lucky Luke*, qui a atteint **1 151 000 exemplaires** avec *Ma Dalton*. Bizarrement **Morris** qui a créé ***Lucky Luke*** n'a jamais été récompensé par le Salon, malgré le succès mondial de son héros.
>
> Les années allant de **1990** à **1993** ont été marquées par une surproduction d'**albums de qualité médiocre**. Les BD pour adultes publiées alors ont acquis une **mauvaise** réputation car elles sont souvent trop **violentes**, trop **politiques**.
>
> Depuis 1993, le nombre d'albums publiés s'est stabilisé autour de **500** par an. Quatre grands **éditeurs** dominent le marché français et les ouvrages publiés maintenant s'adressent surtout aux **enfants** et aux **adolescents**.

4   This is an example of what you might have written.

> Selon Thierry Groensteen et Benoît Peeters, la BD a subi une évolution la conduisant infailliblement des enfants aux adultes. Vers la fin des années soixante, la BD, à commencer par l'hebdomadaire *Pilote,* s'adressait de plus en plus aux étudiants. *Astérix* faisait rire de nombreux lecteurs adultes, souvent les parents des enfants qui possédaient les albums. Les enfants étaient attirés par le comique des personnages, mais leurs parents lisaient *Astérix* au second degré, car ils comprenaient les allusions historiques du texte. Au cours des années soixante-dix et quatre-vingts, sont apparues des multitudes de créations artistiques intéressantes graphiquement et intellectuellement. Ces dernières années, nous dit Thierry Groensteen, on a même vu des BD autobiographiques et journalistiques.
>
> Inversement, Yves-Marie Labé fait remarquer qu'au cours des années quatre-vingt-dix, l'impact de la BD adulte a faibli, commercialement. Il affirme par ailleurs que quatre gros éditeurs contrôlent 80% du chiffre d'affaires, ce qui laisse peu de place à l'audace, car ils préfèrent s'orienter vers un marché sûr, celui des ouvrages pour enfants et adolescents.
>
> Si les uns soutiennent que le neuvième art est en pleine forme, alors que l'autre semble en douter, cela tient non seulement à la période historique décrite (la situation évolue différemment avant et après 1991) mais aussi à la perspective adoptée: Groensteen et Peeters parlent surtout de création artistique, Labé de succès commercial.

Activité 20

The narrator of this unusual little story has managed to cram 21 *faux amis* into her text, which are shown in bold.

> J'ai mis ma voiture en marche en tirant sur le **starter** (1). J'aurais **éventuellement** (2) pu **m'en passer** (3) puisqu'elle démarre toujours

sans problèmes. Je suis allée acheter du **lard** (4) et des **prunes** (5) chez l'épicier, mais aussi une **carpette** (6) pour le **salon** (7). Pour **achever** (8) ma **matinée** (9) de **courses** (10), je suis entrée dans le **magasin** (11) de musique. Là, le **vendeur** (12) m'a étonnée car il portait une **veste** (13) **pourpre** (14); mais il était très **sympathique** (15) et très **sensible** (16) à mes désirs. Je lui ai **demandé** (17) s'il avait une **partition** (18) de Gabriel Fauré. Non seulement il l'avait, mais en plus le prix n'était pas **abusif** (19). Pour régler cet achat, j'ai **libellé** (20) un chèque à son nom puis je suis partie à Angoulême **assister à** (21) une conférence de Thierry Groensteen.

1   *Le starter* is a choke on a car or motorbike.

2   A synonym for *éventuellement* in this context could be *peut-être* (English 'possibly').

3   *Se passer de quelque chose* is 'to do without something'.

4   *Le lard* is pork and can be bought from butchers as *lard frais* (unsmoked bacon) or *lard fumé* (smoked bacon).

5   *Les prunes* are plums.

6   *Une carpette* is a small rug.

7   *Le salon* in this context is a sitting-room or drawing-room.

8   *Achever* means 'to finish' or 'to end'.

9   *Matinée* means 'morning'. (This meaning has been lost from the English expression 'theatre matinee' but retained in 'matinee jacket'.)

10   *Faire les courses* means 'to go shopping'.

11   *Le magasin* is a shop, not to be confused with *magazine* which means 'a publication' in French as in English.

12   *Un vendeur* is a salesperson and can also be a vendor, e.g. of a property.

13   *Une veste* is a jacket.

14   *Pourpre* is similar to the colour burgundy or maroon.

15   *Sympathique* is used when describing someone whom you find friendly and pleasant. The word does not mean 'who sympathizes with people'. This, in French, tends to be expressed by words like *compatissant* ('full of empathy') or *compréhensif* ('understanding').

16   *Sensible* means 'sensitive' and not 'sensible'.

17   *Demander*, of course, means 'to ask'. The English verb 'to demand' is better rendered in French by *exiger*.

18   *Une partition* is a musical score.

19   *Abusif* in this context means 'extortionate'.

20   The verb *libeller* is mainly used in the expression *libeller un chèque* – meaning 'to write a cheque'.

21   *Assister à* means 'to attend' (e.g. a show, a wedding). *Assister* (without *à*) is 'to assist', e.g. *J'assiste le docteur Mériel* means 'I am Dr Mériel's assistant'.

Activité 21

2   Here are some possible answers.

(a) Nous pouvons ensuite nous demander si **la BD existe dans tous les pays**.

(b) Essayons maintenant de voir **comment les personnages naissent dans l'imagination des auteurs.**

(c) On peut se demander pourquoi **les animaux sont si nombreux dans la bande dessinée.**

(d) Nous allons tenter de définir **ce qu'est la bande dessinée adulte.**

(e) Abordons maintenant la question de savoir **ce qui fait le succès de Tintin.**

(f) Voyons maintenant **l'utilisation éducative qui est faite de la BD.**

(g) Finalement nous pouvons nous demander **dans quelle mesure un artiste peut vivre de la BD.**

Activité 23

2   Here are the completed forms. The information you should have filled in is in bold.

Fiche No. 1: Le Salon

Dates du Salon: du **27** au **30 janvier 1994**

Nombre de visiteurs: **100 000**

Éditeurs de BD: **Delcourt; Dupuis; Casterman; Audie** (or **Flammarion**, which has a major share in Audie)

Titres de BD représentés au Salon: **Spirou; À suivre; Fluide glacial; Équinoxe.**

Fiche No. 2: Le sondage

Classe d'âge	Pourcentage de lecteurs de BD dans la classe d'âge
de 8 à 14 ans	**92**
de 15 à 24 ans	**64**
de 25 à 34 ans	**43**
de 35 à 49 ans	**38**
de 50 à 64 ans	**17**
plus de 65 ans	**9**

Activité 24

2   Here is the complete text, with *y* and *en* shown in bold.

Le vingt et unième Salon international de la BD d'Angoulême a accueilli 100 000 visiteurs. Ces derniers avaient à leur disposition des 'espaces-lecture'. Ils pouvaient s'**y** adonner à leur loisir préféré. Il y avait aussi une exposition sur les démons. On **y** trouvait les croquis de onze dessinatrices-scénaristes de nationalités différentes.

La BD est loin d'être une lecture honteuse ou marginale. Si les 8–14 ans sont les plus férus de cases et de planches, ils sont 92% à **en** lire et 36% d'entre eux **en** lisent même une à quatre par semaine. Même passion pour les classes d'âge 15–49 ans. Comme pour le livre, les lecteurs de BD se recrutent davantage dans les catégories sociales aisées. On **y** trouve une majorité de gens lisant vingt-cinq livres et plus par an. Les albums de BD sont intégrés aux produits courants puisqu'ils sont vendus dans les hypermarchés. 45% des lecteurs s'**y** sont procuré un album.

Activité 25

2   Here is an example of a report from Plancheville-les-Cases. Adverbs in *-(e)ment* are in italics (note the *faux ami* 'actuellement'). Audible feminine agreements are in bold.

Eh bien oui, je me trouve *actuellement* parmi la foule de gens venus aujourd'hui au Festival 'BD en fête', ce cinquième Festival de la BD, ici à Plancheville-les-Cases. Alors, Plancheville-les-Cases, pour ceux qui ne connaîtraient pas, c'est une petite ville qui a souvent été décri**te** dans la presse comme la capitale de la BD,

Alors, ici il y a les traditionnels stands des grands éditeurs de BD, mais aussi, pour la première fois, des espaces d'exposition où sont admi**ses** de petites structures d'édition, comme Kapoum, ou Cryptogame. Il y a aussi l'exposition 'Architecture et BD', où la ville du XXIIème siècle est dépein**te** par onze dessinatrices-scénaristes de nationalités différentes.

Pour les plus aventureux, il y a la BD à réaliser soi-même. Alors, *justement*, devant moi se trouve le stand où chacun peut créer sa propre BD, il y a là des crayons, du papier, et même un animateur pour aider les visiteurs qui sont à court d'imagination. Des chaises ont été mi**ses** en cercle autour de lui et des familles se sont assi**ses** là, et l'on voit papa, maman, grand-mère, fiston, qui s'appliquent à rivaliser avec les professionnels.

Dehors, sur la grande place de Plancheville, il y a un écran géant sur lequel défile *actuellement* une séquence filmée extraite d'une histoire d'Enki Bilal, où on voit deux personnages dans un train, un homme qui meurt dans les bras d'une femme, comme dans un film d'Hitchcock. C'est vous dire s'il y a de l'animation, et si l'ambiance est électrique! Ici Claude Yvandeau, au cinquième Festival de la BD de Plancheville-les-Cases.

3   Here are three phrases for introducing topics covered in the Yvandeau report on your Activities Cassette.

Eh bien, **voyons** qui sont les principaux participants à ce festival 'BD en fête'. Il y a … (para. 2)

Rappelons que les familles sont les bienvenues au festival. Justement devant moi se trouve le stand… (para. 3)

Finalement **nous pouvons nous demander** si la BD est en bons rapports avec le cinéma. Eh bien oui, puisque dehors, sur la grande place de Plancheville… (para. 4)

Activité 26

1   Here is the complete text. The words you should have filled in are in bold.

« Il ne s'agit pas de **difficultés financières** – certains des ouvrages de Futuropolis comme *Voyage au bout de la nuit* illustré par Tardi ont été vendus à plus de 100 000 exemplaires – mais de **déconvenue** », souligne celui qui découvrit et publia Bazooka et Kiki Picasso, Tardi, Joost Swarte, Gtting, Edmond Baudoin, Golo, et tant d'autres. Je suis **peiné** par les tendances prises par la BD, par la **stagnation** de ce milieu. J'ai toujours promu les auteurs et combattu les héros. Et toujours préféré les auteurs complets, à la fois scénaristes et dessinateurs, et porteurs d'un univers de thèmes, de propos, de sujets, plutôt que ceux qui **font n'importe quoi** ».

2   (b) *Robial est en train de déposer le bilan de son entreprise.* Robial was closing down his company, with much bitterness.

3   Here are the seven corrected phrases, with comments below.

la désillusion qu'elle a ressentie

(Past participle is feminine singular; it agrees with *la désillusion*.)

Les déboires financiers que nous avons subis

(Past participle is masculine plural; it agrees with the masculine noun *déboires*.)

mais je suis découragée

(Past participle is feminine singular, because the speaker is female.)

la part de marché qu'avaient si laborieusement acquise

(Past participle is feminine singular; it agrees with *part*.)

Ce n'est donc pas un cri de détresse mais un cri de guerre que nous avons poussé

(Past participle is masculine singular; it agrees with *cri*.)

les artistes que nous avons promus

(Past participle is masculine plural; it agrees with *artistes*.)

les affairistes que nous avons combattus

(Past participle is masculine plural; it agrees with *affairistes*.)

Activité 27

1   vous; vous

2   le

3   nous (This assumes that the speaker includes him or herself; you could also have said *vous*.)

4   lui

5   les

Activité 28

1   The direct object pronouns are in italics and the indirect ones in bold.

(a) Vous *les* **leur** avez montrées!

(b) Il *la* **lui** a offerte!

(c) Vous *la* **leur** dites toujours!

G (If you did not remember that *dire* is an irregular verb, check your Grammar Book, p. 168.)

(d) Vous *la* **lui** avez demandée!

2 The direct object pronouns are in italics and the indirect ones in bold.

(a) NADINE Tu *la* **lui** as prêtée? Alors qui va payer l'assurance?

GERMAINE Qui va *la* payer? Moi, bien sûr!

NADINE Et elle *le* sait?

(If you forgot to insert the pronoun, see Notes on Language and Style, subsection 1.5.)

GERMAINE Non, je ne *le* **lui** ai pas dit.

(If you had difficulty with the word order, see Notes on Language and Style, subsection 1.5.)

(b) LÉON Elle *le* **lui** apporte demain.

(*Le* represents *album*, **lui** represents *à Marie*. If you had *Elle la lui apporte*, thinking *la* represented *bande dessinée*, that was fine too.)

PIERRE Ils *le* **lui** ont vendu?

LÉON Non, ils *le* **lui** ont donné.

(c) SIMON Tu dois *les* **lui** envoyer.

(For word order when there are two verbs, see Notes on Language and Style, subsection 1.5.)

VOUS Non, je ne veux pas *les* **lui** montrer. Je veux *les* exposer au Salon.

SIMON C'est dommage. Elle aurait pu **te** *les* acheter.

(Remember that *acheter quelque chose à quelqu'un* can mean 'to buy something **from** someone' or 'to buy something **for** someone'.)

Activité 29

Here is the complete dialogue. Your role is in bold.

VOUS **Je vois que vous les encouragez à lire des BD. Vous ne pensez pas que ça les empêche de lire des auteurs classiques?**

LE BIBLIOTHÉCAIRE Voyons, madame, vous avez une vue bien traditionaliste des choses. Au contraire, les enfants sont obsédés par les jeux vidéo et l'Internet. Au moins, en lisant des BD, ils sont loin de tout ça!

VOUS **Peut-être, mais ils sont obsédés par les jeux vidéo parce qu'ils veulent essentiellement regarder des images.**

LE BIBLIOTHÉCAIRE Bien sûr, mais nous vivons parmi les images, elles font partie de notre culture!

VOUS **Oui mais les BD leur donnent trop d'importance.**

LE BIBLIOTHÉCAIRE Alors là, je commence à me demander ce que vous entendez par 'BD'. Dans les BD il y a de tout: des images, des textes, de l'humour, de la psychologie, de la poésie.

VOUS **Et même du sexe et de la violence!**

LE BIBLIOTHÉCAIRE Les spécialistes sont d'accord: pour ce qui est du sexe et de la violence, la BD est largement dépassée par le cinéma! Regardez par exemple cet album que j'ai là, voici une planche qui montre un meurtre mais le dessin est magnifique, on dirait une scène d'Edgar Poe.

VOUS **Bien sûr, vous avez choisi une image qui est parfaite, artistiquement!**

LE BIBLIOTHÉCAIRE Ah, mais justement, il y en a beaucoup comme ça! Ce qui compte, ce n'est pas de savoir si les enfants lisent des romans ou de la BD, mais plutôt s'ils lisent de la bonne ou de la mauvaise BD.

VOUS **Vous dites ça, mais savez-vous ce que les parents en pensent?**

LE BIBLIOTHÉCAIRE Bonne question! Eh bien, figurez-vous qu'un album, c'est souvent le père ou la mère qui le recommande à l'enfant.

VOUS **Oui. Bien sûr, c'est différent, si son père ou sa mère le lui* donne.**

LE BIBLIOTHÉCAIRE Vous voyez, vous êtes presque convertie! De toute façon, il faut être réaliste, il y a déjà des extraits de BD dans les livres scolaires. C'est peut-être ça, en fait, qui est catastrophique, pour l'avenir de la BD…

* Remember that *lui* stands for a masculine or a feminine noun. So if the librarian had been talking about girls' reading habits, the conversation would have been exactly the same.

Activité 30

This is an example of what you might have written. Even if yours is quite different, this version can give you ideas for future writing.

Sans être exactement semblable à celui d'Hergé, le dessin de Jacobs est épuré. Seul, ce qui est nécessaire pour l'intelligibilité de l'image est représenté. Il simplifie donc les formes, il les cerne par un trait de contour. Jacobs est, sans contradiction possible, un dessinateur virtuose, mais on peut dire que son style est entièrement basé sur des conventions qui savent se faire oublier, et qui paraissent naturelles.

Fréquemment, quand on parle de la bande dessinée, on la compare avec le cinéma. Il y a quelques similitudes, bien évidentes dans l'image que nous avons sous les yeux. L'image de Jacobs se situe dans un cadre, comme la caméra d'Hitchcock. Mais ce qui me semble le plus intéressant, c'est d'étudier les spécificités du langage de la bande dessinée, ce qui n'appartient qu'à elle. Ce qui n'appartient qu'à elle, c'est, par exemple, une case spectaculaire, chargée de suspense, comme celle-ci. Il y a un jeu sur la page: que s'est-il passé avant, que va-t-il se passer après? La surprise des personnages est traduite par une convention (le point d'interrogation) mais aussi par le gros plan réalisé sur les objets importants du moment: la pipe, qui se consume seule, le papier porteur de la marque jaune, et le téléphone. Ce sont des techniques dont les auteurs, même les plus classiques, ont joué. La variation de la taille des objets (la pipe est énorme alors que le revolver est minuscule) crée l'effet de perspective.

La bande dessinée est un moyen d'expression très souple, permettant une grande subtilité dans la manière de raconter une histoire. Dans cette case, nous constatons que Jacobs a privilégié un motif qui est celui de l'absence: absence du fumeur, dont la seule trace est une pipe encore chaude et une petite fumée, absence de l'auteur de la marque jaune (est-ce le même personnage que le fumeur?), absence de communication symbolisée par cet appareil téléphonique au repos. Dans l'image, la lampe intervient dans une position qui est tout à fait signifiante: au premier plan, éclairant violemment un gros document (contient-il des indices vitaux?). On pourrait presque suivre l'ensemble de l'histoire en se concentrant uniquement sur les objets de ce banal bureau.

La présence il y a peu de temps, puis la fuite, ou la suppression (nous ne le savons pas) d'un personnage humain n'est pas montrée mais elle est sous-entendue. C'est une image implicite. Et nous voyons que c'est avec ce genre de choses, ces images que l'on croit avoir vues, mais qui en réalité ont été sous-entendues par l'auteur, c'est avec des images comme celles-là, que la bande dessinée prouve vraiment son aptitude à fonctionner comme un art à part entière.

Activité 31

Note the use of object pronouns (in bold) and other elements from your study of this book (in italics), for example:

- adverbs in *-(e)ment*;

- *faux amis*;

- ways of presenting a theme or expressing an opinion.

Note also the use of words ending in *-ant* and *-age,* which are underlined.

Si vous prenez, par exemple, une page des aventures de Frère Boudin, bon, c'est une bande dessinée, bien sûr, mais en même temps, c'est un petit film. Chaque case est un plan cinématographique. Bien évidemment, quand on parle de la bande dessinée, on **la** compare avec le cinéma. Il y a des similitudes, c'est frappant.

Je vais vous donner un exemple. Les images de la BD, on **les** lit d'abord de gauche à droite. Eh bien, *si nous regardons* les cases de *Frère Boudin*, pour prendre un exemple parmi d'autres, *nous constatons que* l'œil se déplace latéralement, comme **le** fait la caméra. C'est ce qui fait, *on peut dire*, un des charmes de la BD.

D'autre part, il y a un petit jeu, que le dessinateur peut faire, entre une case et la case <u>suivante</u>. Par exemple, varier les angles et user des techniques cinématographiques les plus diverses. User, aussi, du, du gros plan, qui a tendance à concentrer l'attention sur le personnage, ou bien, *mettons*, de la, de la plongée, qui va peut-être donner un sentiment, euh, plus, euh, comment dire, plus vertigineux. Ou, utiliser, au contraire, la contre-plongée, qui va donc donner une dimension <u>imposante</u> aux choses vues d'en bas. La variation de la taille des vignettes, aussi, le fait d'user de cases de taille plutôt régulière, ou tout d'un coup de cases beaucoup plus grandes, comme celle qui montre Frère Boudin effaré, devant la silhouette <u>inquiétante</u> du château. Tout ça, c'est certain, rappelle *inévitablement* le <u>découpage</u> d'un film.

Pour conclure, je dirai que, bien sûr, l'humour du dessinateur, dans *Frère Boudin*, peut vous sembler <u>amusant</u>, ou au contraire <u>agaçant</u>, mais que c'est, sans contradiction possible, un virtuose, dont le style est *entièrement* basé sur des conventions qui ne veulent pas se faire oublier, ni paraître naturelles. Voilà. Si vous avez des questions, je serai ravi(e) d'y répondre.

SECTION 2

Activité 33

2 'la journée la plus longue de l'année' et 'la nuit la plus courte' (i.e. 21 juin)

3 1995

(The first ever *Fête* was in 1982. The article was published on the occasion of the fourteenth *Fête*.)

4 Oui. La Fête a été créée sous les auspices du gouvernement français et de son ministre de la Culture de l'époque, Jack Lang.

Activité 34

2 All the answers were true apart from the following.

(b) La Fête de la musique c'est le 21 juin depuis 1982, c'est-à-dire depuis la première Fête.

(d) C'est le moment de l'année où on a le droit de faire des choses qu'on ne fait pas le reste de l'année.

(e) Avant 1982, la Fête n'existait pas.

Activité 35

2 You could have chosen the following five facts.

- En 1959 on institua le premier ministère des Affaires culturelles (confié à André Malraux).

- Mission de ce ministère: conservation du patrimoine culturel national et promotion du cinéma, de la musique, de la danse et de l'art lyrique.

- Commission nationale de l'Inventaire créée en 1964.

- Législation qui protège 'monuments classés' (les principaux) et 'monuments inscrits' (les moins importants) ainsi que certains sites et quartiers de villes classés.

- Depuis 1981 politique de la décentralisation: associer les représentants de diverses catégories sociales et favoriser la créativité dans tous les domaines.

3 Here are examples of how you could have answered.

(a) Non, le premier ministre des Affaires culturelles a été nommé en 1959. C'était André Malraux.

(b) Il s'occupe de ce qu'on appelle le patrimoine culturel national, mais il s'intéresse à plusieurs autres domaines aussi, comme la promotion du cinéma, de la musique, de la danse et de l'art lyrique.

(c) Oui, il y a deux catégories qui sont protégées par la loi. Les monuments les plus importants sont les monuments classés, et ceux qui sont moins importants ce sont les monuments inscrits.

(d) Tout à fait. La politique culturelle a connu un nouvel élan. On associe les représentants de diverses catégories sociales et on favorise la créativité dans tous les domaines.

2

Activité 36

3   Here are notes similar to those you might have made.

16h 30   charc^ie M.
conc. accord^e gratuit.
Dégusta^o boudin

17h → 19h 30
contés tradit^ls + accompagn^t
binious 75/80 F.

20h 30 Place Mairie
ballet régio^l plein air
50F   enf 35 F

Activité 37

1 The key points for each answer are in bold.

- La fête a démarré en **1982.**

- **Jack Lang.**

- 55 millions d'habitants, dont **quatre à cinq millions** de personnes qui jouent d'un instrument de musique.

- Montrer la France capable de **pratiquer la musique comme n'importe quel autre pays.**

2 *Fête* and *faites* are pronounced the same but spelled differently. *Fête* refers to the idea of a festival and of enjoying yourself in the company of friends (*la convivialité*), but *faites* is a command (i.e. 'make music'), with the idea that everyone should feel free to join in.

Activité 38

1 (a), (d) and (g) are true homonyms.

Check in your dictionary the phonetic spelling and thus the pronunciation of each of the other words to see what the small differences are between the two words in the pair. As you check each word, pronounce it out loud.

2 Here are the homonyms:

(a) ville

(b) ton (meaning 'your' or 'tone')

(c) puis

(d) on

(e) mois

(f) partie

Activité 39

1 (a) La Fête a évolué car elle comporte aujourd'hui beaucoup plus de spectacles professionnels.

(b) L'ADCEP dispose de deux millions de francs français. Elle emploie cinq personnes pendant six mois.

4 (a) la première Fête:

(iii) un jeune homme chantait au coin de la rue

(viii) quelques jeunes jouaient de la flûte

(x) il y avait des étudiants avec trois violons

(b) ce qui a changé:

(i) on a remarqué que le bénévolat ne suffisait pas

(iv) c'est devenu plus commercial

(vi) il fallait aider certains organismes

(ix) il a fallu donner des crédits de matériel et d'heures d'ouvriers etc.

(c) la Fête aujourd'hui:

(ii) les cafés engagent un groupe

(v) les groupes rock ont tous des hauts-parleurs

(vii) les groupes sans hauts-parleurs ne peuvent plus se faire entendre

Activité 41

2 (a) Jean-François Millier parle des chaînes de télévision publiques et privées, Marie-Christine Trégaro parle des médias locaux (télévision et radio locales).

(b) Les chaînes de télévision organisent des plateaux de musique, c'est-à-dire des concerts qu'ils enregistrent en direct et diffusent le même soir. Les médias locaux relaient l'information sur la Fête.

Activité 42

1 (a) les bistrots qui cherchent un groupe ou un chanteur pour animer la Fête

(b) la Fête elle-même

(c) ce qui se passe à Rennes et les lieux

3   (b)   Here is an example of the notes you could have made:

Chorale polyglotte

lieu: les marches de l'Opéra

musique/interprète: Une vingtaine d'adeptes de la chorale *Opus Incertum* interprètent des chants du monde entier.

autres indications: Il y aura des chants africains, italiens, est-européens, anglais et même bretons! Tous les membres de la chorale doivent chanter à l'oreille, sans partition.

le Docteur Popaul

lieu: rue Saint-Malo

heure: le soir

musique/ interprète: rock joué par quatre adolescents, puis rock joué par Docteur Popaul

autres indications: La rue Saint-Malo sera encombrée. Le Docteur Popaul fera trembler les murs!

Here is an example of the announcements you could read out.

Et pour ceux qui préfèrent les chansons traditionnelles, régalez-vous en écoutant *Opus Incertum* – c'est le nom de la chorale – sur les marches de l'Opéra. Nous ne savons pas encore à quelle heure ils vont chanter, mais vous entendrez de la musique africaine, italienne, est-européenne, anglaise et bretonne. Il le faudra bien puisqu'ils sont à Rennes. Cette vingtaine d'adeptes de la chorale refusent toute partition, ils ne chantent qu'à l'oreille.

Pour les fans du rock, deux événements au programme ce soir dans la rue Saint-Malo – qui sera bien encombrée. D'abord vous pourrez entendre quatre ados jouer du rock, et puis le Docteur Popaul. Celui-là, il fera trembler les murs!

Pour obtenir des renseignements plus complets, téléphonez 31 64 49 75.

Activité 43

1   Here is the complete transcript. The words you should have filled in are in bold.

Chez nous à Combard, on croyait avoir recensé tous les musiciens professionnels de la région, mais lors de la Fête de l'an dernier on **en a découvert bien d'autres**. C'est parfois difficile de savoir qui ils sont car ils se produisent de façon spontanée un peu partout. L'année dernière, la cour du lycée était restée ouverte très tard dans la nuit du 21, et des jeunes percussionistes **y avaient installé leurs instruments**. Astucieusement, ils **en avaient profité pour** sortir une table, et proposer leurs CDs au public. Des artistes qui viennent à la Fête **pour y vendre leur production**, **on en trouve de plus en plus**. C'est un danger dont nous devons être conscients: il serait dommage que la Fête perde ce côté amateur qui fait son charme.

2   The table below shows the sort of explanations you could have offered.

Pronoun	Use	The pronoun stands for:
on **en** a découvert bien d'autres	Expression of quantity (*bien d'autres* means *beaucoup d'autres*)	*des musiciens* in the phrase *d'autres musiciens professionnels*
y avaient installé leurs instruments	Expression of location	*dans la cour du lycée*
ils **en** avaient profité pour	The verb *profiter* takes an indirect object with *de*	*de l'occasion* (This is understood but not actually stated; *en profiter* is thus used as a set phrase.)
pour **y** vendre leur production	Expression of location	*à la Fête*
on **en** trouve de plus en plus	Expression of quantity	*des artistes* in the phrase *on trouve de plus en plus d'artistes qui viennent à la Fête pour vendre leur production*

Activité 44

1 (a) On **en** a découvert d'autres.

   (b) On ne pouvait plus **y** passer.

   (c) Beaucoup d'artistes professionnels **y** participent.

   (d) Il **y en** a.

   (e) Nous négocions pour que les groupes qui **y** jouent puissent **en** trouver.

   (f) Je m'**en** souviens.

   (g) Un jeune homme **y** chantait.

   (h) On **en** sort combien?

2 (a) Je ne peux pas **la leur** prêter, j'en ai besoin.

   (b) Qui va oser **la lui** montrer?

   (c) Bien sûr! Je **la lui** entends souvent chanter dans la salle de bain/Je **l'**entends souvent **la** chanter dans la salle de bain.

   (d) Tout à fait. On a décidé de **le lui** laisser prononcer.

3 (a) Il faut **le lui** faire comprendre/Nous devons **le lui** faire comprendre.

   (b) Il ne veut pas **nous la** confier.

   (Note that (a) shows how *le* can sometimes stand for a whole idea, rather than a particular noun. The English equivalent may or may not have a pronoun in such cases. The word 'this' could have been omitted from the English sentence you translated.)

Activité 45

2 Aspects spontanés: (a), (b), (e), (f)

   Aspects organisés: (c), (d), (g)

Activité 46

1 Your plan could include the following:

- une plus grande organisation signifie une plus grande commercialisation

- ceux qui veulent cela sont intéressés pour eux-mêmes

- pas besoin de commercialisation ni de spectacles professionnels pour avoir du talent

2 Here is an example of how you could defend your ideas if you are in favour of continued informality and spontaneity of the arrangements for the *Fête de la musique*. Phrases which you could use to support your arguments are in bold.

Moi **je suis pour** conserver cette spontanéité de la Fête. **On voudrait nous faire croire que** le public serait mieux servi si un comité organisateur prenait en charge le déroulement des festivités. **Mais en réalité**, ce sont surtout les intérêts privés qui s'en trouveraient mieux servis. **On nous dit que** les spectateurs sont en droit d'être confortablement installés pour écouter de la musique, donc qu'il faut mettre à leur disposition des salles. **Je tends plutôt à penser que** les comptes en banque des promoteurs d'artistes et des propriétaires de salles seraient plus confortablement garnis s'ils pouvaient faire payer l'entrée des spectacles. **Enfin l'on nous assure que** des lieux de spectacle plus professionnels vont attirer des musiciens de meilleure qualité. **Je ne serais peut-être pas aussi affirmatif (affirmative)**. Chacun sait que nos villes et nos campagnes recèlent des talents cachés, des artistes qui, par conviction, préfèrent pratiquer leur art sans hauts-parleurs et loin des opérations médiatiques. C'est pour eux qu'est conçue cette Fête: défendons-les, protégeons farouchement le droit de tous à faire de la musique!

Activité 47

1 L'année dernière les gens sont allés surtout dans les gros rassemblements et on ne pouvait pas circuler. Cette année les gens sont plutôt restés près de chez eux pour voir jouer les petits groupes locaux.

2 (a) Les groupes cités: les familles, ceux qui viennent des communes environnantes, ceux qui viennent des communes éloignées, les Rennais, les couples avec enfants, les 18 à 25 ans, les étudiants

   (b) Les façons de les classer: le groupe familial, le lieu d'où l'on vient, les expressions musicales, les couches sociales, les tranches d'âge

2

3

Heure	Quel groupe	Lieu
en fin d'après-midi	'les gens'	dans la rue
à partir de 20 h	'les gens'	descendent en ville
et puis (petit à petit)	la foule	surtout au centre-ville
début de la soirée	les familles rennaises	descendent dans les rues
la nuit avance jusqu'à 3 ou 4 h du matin	les 18–25 ans	traînent dans le centre-ville
vers 22 h	'du monde'	partout au centre-ville

Activité 48

Here is the complete dialogue. Your answers are in bold.

LE PRÉSENTATEUR   Bonjour Leslie, vous êtes à Rennes ce soir. Alors, racontez aux Parisiens qui vous écoutent comment la Fête de la musique se déroule en province. Il est 22 h, dites-nous un peu ce qui se passe.

VOUS   **Oui, eh bien, c'est noir de monde au centre-ville maintenant!**

LE PRÉSENTATEUR   Vous avez là surtout des jeunes, non? Euh, il y a toujours des enfants, et leurs parents à cette heure-ci?

VOUS   **Eh bien, écoutez, en général les familles sont venues plus tôt, elles sont arrivées vers vingt heures… Mais maintenant que la soirée avance, eh bien, les familles commencent à rentrer, et ce sont les étudiants, les 18–25 ans, qui prennent possession des lieux.**

LE PRÉSENTATEUR   Et ces jeunes, ils ont bien l'intention de rester là toute la nuit, je suppose?

VOUS   **Vous savez, quand on a dix-huit, vingt-cinq ans, qu'on n'est pas marié, qu'on n'a pas d'enfants, eh bien, on peut traîner jusqu'à trois ou quatre heures du matin.**

LE PRÉSENTATEUR   Oui, oui, Leslie, bien sûr. Et dites-moi, tout ça, ça se passe surtout au centre-ville, ou il y a d'autres pôles d'attraction?

VOUS   **C'est surtout le centre-ville qui est animé, je dois dire. Comme je vous le disais tout à l'heure, il y a du monde partout.**

LE PRÉSENTATEUR   Merci Leslie et bonne fin de soirée à Rennes.

Activité 49

1   You should have ticked the following:

le jazz, la musique bretonne, la musique celtique, la musique classique, la musique irlandaise, le rock

2   C'est surtout le jazz et peut-être le rock aussi qui sont liés au 'bœuf'. Le 'bœuf' se pratique plus tard dans la nuit, dans les bistrots.

3

Expression familière	Équivalent
(a) le bœuf	(ii) une improvisation musicale
(b) avoir marre de	(iii) en avoir assez de
(c) toc!	(iv) voilà!
(d) traîner	(i) rester longtemps

Activité 50

1   In italics, you can see the direct object pronoun and the noun or phrase it stands for; in bold, the indirect pronoun and corresponding noun or phrase.

(a) Oui, je ferai envoyer *les cassettes* **à Innsbrück**.

Oui, je *les* **y** ferai envoyer.

(b) C'est parce que je n'ai pas voulu donner *la lettre* **à votre secrétaire**.

C'est parce que je n'ai pas voulu *la* **lui** donner.

(c) Oui, j'ai souvent entendu chanter *Zouk* **au Café Bohème**.

Oui, je *l'***y** ai souvent entendu chanter.

(d) Tu ferais mieux de ne pas parler **du synthétiseur aux parents**.

Tu ferais mieux de ne pas **leur en** parler.

(There are two indirect objects in this sentence: *en* represents the object of *parler de quelque chose,* while *leur* represents *parler à quelqu'un.* See your Grammar Book p. 75.)

2 Here is the full text of the dialogues. The direct object pronouns and the noun or phrase each one stands for are in italics; the indirect object pronouns and the noun or phrase each one stands for are in bold.

– Il y a répétition demain soir. Il faudrait donner *les clefs* **à Marinette**.

– Oui, je vais *les* **lui** donner.

– On m'a dit que votre prof d'allemand allait préparer votre classe pour la Fête. Elle devrait **vous** apprendre *des chants tyroliens*.

– Oui, elle va **nous** *en* apprendre.

– Vous ne nous avez pas encore dit ce que nous allons jouer le 21 juin. Il faudrait **nous** donner la liste *des morceaux* demain.

– Oui, je vais **vous** *en* donner la liste demain.

(Here *en* is used as a pronoun representing a phrase introduced by *de*, see your Grammar Book p. 76.)

– C'est Frédérique qui organise le voyage de Dakar cette année. Il faudrait qu'elle *vous* emmène **là-bas**.

– Oui, elle va *nous* y emmener.

Activité 51

2 (a) En 1985, Lang demande à ses homologues de la Communauté européenne de s'associer à la Fête de la musique.

(b) Aujourd'hui, environ 70 à 80 pays d'Europe du Nord, d'Afrique, d'Asie du Sud-Est, et du Pacifique sont associés.

(c) Reportage de Lamine Touré à Dakar, au Centre culturel français: la Fête va durer jusque vers 23 h.

(d) Il y a un système d'échanges: Berlin accueille des artistes européens, et des Européens viennent à Paris. Cela encourage donc la circulation des artistes.

3 Here is an example of a presentation.

Tout commence en 1985, quatre ans après la création de la Fête de la musique. Jack Lang, le ministre de la Culture de l'époque, sollicite ses homologues de la Communauté européenne (qui ne s'appelait pas encore l'Union européenne) et les invite à s'associer à la Fête. Résultat: aujourd'hui, soixante-dix à quatre-vingts pays y participent, aussi bien des nations nord-européennes ou africaines, que des pays du Sud-Est asiatique ou des pays du Pacifique. Un exemple: à Dakar, capitale du Sénégal, le Centre culturel français accueille pendant toute la journée du 21 juin des manifestations musicales locales. Autre exemple: des villes comme Berlin et Paris échangent des artistes le 21 juin. D'autres villes comme Bruxelles*, Rome ou Madrid, ou même Bucharest et Budapest (qui ne sont que partenaires, et non pas membres, de l'Union européenne) ont aussi été conviées à s'associer à la Fête. On encourage ainsi dans toute l'Europe et au-delà le rayonnement de l'art musical, à travers des manifestations gratuites, concernant de préférence tous les styles de musique.

* Note that this capital city can be pronounced 'Brukselles' or 'Brusselles', as you prefer!

You could now compare this with the original by listening to section 10 of the audio Resource Cassette again or by reading the relevant part of your transcript.

Activité 53

Sentences 1 and 5 were true. Here are the corrected statements.

2 Le public n'a pas l'habitude d'entendre toutes ces formes musicales.

3 Les gens qui vont à la Fête n'ont pas obligatoirement l'habitude d'aller régulièrement aux concerts.

2

4   Le reste de l'année on ne descend pas souvent dans la rue écouter des concerts gratuits.

6   La Fête n'est pas forcément une explosion du talent.

7   Quand vous écoutez un morceau à la Fête, vous n'êtes pas obligé de rester.

Activité 54

1   (a) À part les musiques classiques, il cite le jazz, les musiques traditionnelles, le rock. Bref, ce qu'on pourrait appeler les musiques populaires.

(b) Les jeunes font de la musique dans les conservatoires et dans les écoles, dans les quartiers. Il y a également des groupes qui se forment et beaucoup de petits orchestres.

2   Here are the complete transcripts. The words you should have filled in are in bold.

(a) Ce soir-là, c'est une fête de la musique. Donc les **amateurs** prennent la rue. Il y a des **professionnels** aussi…

(b) La **manifestation** est devenue un tel symbole, que les gens **sortent de chez eux**, **descendent dans la rue** le 21 juin, même s'il n'y a pas de concert. **C'est le geste qui est important**.

(c) Ça se mesure en termes de **rencontres** d'un **public** qui n'est pas toujours un public **spécialisé**, avec des **musiques** qui sont extrêmement **diversifiées**, qui sont faites par tout le monde…

Activité 55

2   Here are some sample notes. You might also have found some things we didn't think of. You won't necessarily need to use every item in your letter.

(a) les rappeurs du SAT et 4 autres groupes vont jouer

le 21 juin

au théâtre Graslin de Nantes/à l'opéra de Nantes

(b) 4 rappeurs (leurs noms…)

groupe existe depuis 3 ans

rappeurs ont une vingtaine d'années

sont au chômage ou lycéens

habitent des HLM

(c) colonnes, marches

velours, ors, stucs

gens portent costume, smoking

gens ont des jumelles

mélange des parfums Cacharel

(d) 30% des spectateurs ont moins de 25 ans

travail de l'opéra auprès des lycées, collèges, comités d'entreprise

depuis 5 ans: origine sociale des spectateurs élargie

places à tous les prix: 35–250 francs

3   Here is an example of how the letter might read.

Chers amis mélomanes

Si vous venez à l'opéra de Nantes à l'occasion de la Fête de la musique, vous pourrez assister à une manifestation qui vous surprendra peut-être. Nous avons invité cinq groupes de rappeurs à jouer au théâtre Graslin. Vous avez certainement entendu parler de SAT (Syndikat actuel 2 la Tchatch), et vous verrez également Octambre, Orange Blossom, Fromage Rapé, et les Jambons. Ne manquez pas le rendez-vous avec ces jeunes musiciens entre 16 h et 22 h le 21 juin.

Vous n'avez peut-être pas l'habitude d'écouter du rap, et D-Non, Doumam, Jalbonigaz et Sioz ont choisi des noms peu courants, je l'avoue. Ce sont cependant des jeunes d'une vingtaine d'années très doués. Lycéens et chômeurs, et ils ont promis de mettre le feu.

Or, trop souvent les jeunes se disent que l'opéra c'est un peu snob. Il est vrai que la salle Graslin a de belles colonnes et un décor orné de velours, d'ors et de stucs. Mais de nos jours vous n'êtes pas obligé de mettre un costume ou un smoking pour y accéder, et vous n'avez besoin ni de jumelles, ni de parfum pour apprécier la musique! Les lycéens y viennent souvent en jean ou en survêt' – D-Non vous le dira.

Eh bien, ici, la spontanéité et la jeunesse, nous sommes pour! Depuis 1982, la direction de l'opéra se veut sensible à l'ouverture à tous les publics, y compris les jeunes. D'ailleurs près de 30% de nos spectateurs ont moins de 25 ans. Nous offrons des places à tous les prix (35 francs à 250 francs): par conséquent tout le monde peut venir. Nous menons un travail auprès des lycées, collèges, comités d'entreprise pour que la salle soit représentative de toute la cité. Et nous obtenons de bons résultats, car l'origine sociale de nos spectateurs s'est considérablement élargie.

On dit qu'il est difficile d'amener le public à l'opéra. Nous tendons plutôt à penser que tous les publics sont prêts à venir: il suffit de leur proposer ce qu'ils aiment.

Alors, nous comptons sur vous pour cette première à l'opéra de Nantes!

SECTION 3

Activité 57

1	(c)	4	(c)*	7	(c)	10	(b)
2	(a)	5	(b)	8	(a)	11	(a)
3	(b)	6	(a)	9	(c)	12	(a)

Vous trouverez la réponse à la plupart de ces questions dans la section 'Noms propres' du *Petit Larousse illustré*.

* Debussy composed *Pelléas et Mélisande* and *Les noces* was composed by Stravinsky.

Activité 58

2 (a) Jean-Michel Jarre: la musique
   Michel Sardou: la chanson
   François Truffaut: le cinéma
   Léo Ferré: la chanson
   Maurice Béjart: le ballet
   Henri Cartier-Bresson: la photographie
   Bernard Buffet: la peinture
   Bertrand Tavernier: le cinéma
   Francis Cabrel: la chanson

(b) l'opéra

(c) César, Tinguely

(d) (i) Bertrand Tavernier
    (ii) Jean-Jacques Beineix
    (iii) Leos Carax

(e) Le Festival d'Avignon

Activité 59

3 The right order is: (e) (h) (j) (b) (d) (i) (g) (a) (c) (f).

4 You should have noticed that *fièvre* is used in its figurative sense of 'excitement' or 'frenzy' and that *conservateurs* refers to museum curators. Perhaps you suggested a literal English translation such as 'The curators' frenzy' or, having read the article, you preferred something that gives a clearer indication of its subject: 'The passion for museums' maybe. You may well have thought of something quite different from either of these!

5 Other museums you could have listed are:

un musée de la toile de Jouy a museum specializing in the history of the printed cotton made in Jouy-en-Josas

un musée de la vannerie a basket-weaving museum

un musée missionnaire africain a museum of the missionary movement in Africa

un musée des techniques fromagères a museum of cheese production

un musée de la fromagerie a museum of cheese and cheese-making

un musée du camembert a camembert museum

un musée du tabac et de la pipe a tobacco and pipe museum

un musée du sel a salt museum

un musée des chemins de fer a railway museum

un musée de la pêche a fishing museum

un musée de l'automobile a motor museum

un musée de la Résistance et de la déportation a museum of the Resistance and deportation

un musée de la vigne et du vin a museum of wine and wine-making

3

Activité 60

1   Here are some more members of these word families.

	Verbe	Nom	Adjectif	Adverbe
les collections	collectionner collecter (a member of this family, with a different meaning, i.e. 'to collect money')	un collectionneur		
les surréalistes		le surréalisme	surréaliste	
les arts		un(e) artiste	artistique	artistiquement artistement (this has the slightly different meaning, 'tasteful')
la création	créer	la créativité un créateur une créature (meaning 'creature')	créatif	créativement
la musique		un(e) musicien(ne)	musical	musicalement
les expositions	exposer	un exposant		
l'architecture		un architecte	architectural	architecturalement
la culture	se cultiver cultiver (has a meaning in the context of farming)		culturel cultivé ('well-read', when referring to people or 'planted', when referring to fields)	culturellement
un peintre	peindre dépeindre	la peinture	pictural	picturalement
des images	imaginer	l'imagerie l'imagination l'imaginaire	imaginatif imagé	imaginativement

All the words in the first column of the table above have regular suffixes, except *peindre*, which it might be useful for you to learn by heart, with other members of its family.

Activité 61

2 This is how you could have explained the various figurative expressions.

(a) *à l'aube du deuxième millénaire* Literally, 'at the dawn of the second millenium', in other words, at the beginning of the eleventh century.

(b) *pousser comme des champignons* to grow very rapidly and in great abundance, to mushroom

(c) *la fièvre succède [...] à une longue léthargie* After many years when there was little public interest in museums, there is now a feverish rush to build new ones.

(d) *Georges Salles, Jean Cassou et Bernard Dorival prennent leur bâton de pèlerin* Literally, *prendre son bâton de pèlerin* means 'to take up one's pilgrim's staff'. Here the expression means that the three people in question set off on a kind of pilgrimage or quest in order to acquire the works of modern art which were so conspicuously absent from French art galleries after the Second World War.

(e) *aussi Valéry Giscard d'Estaing reprend-il le flambeau* (After the death of Georges Pompidou) Valéry Giscard d'Estaing carried on the work which the former had started.

(f) *le musée [...] une vitrine chargée de défendre les couleurs de la ville et de son maire* Local councillors tended to see the building of a new museum as an important means of enhancing the prestige of their town (and of themselves!)

4 Here is an example of what you could have written. Figurative phrases are in italics and object pronouns are in bold.

Quel est le rôle du musée moderne? Est-ce uniquement un lieu où sont exposées des œuvres d'art illustres, *une simple vitrine* où l'on admire de loin des choses qui n'ont pas grand rapport avec notre réalité quotidienne? Ou est-ce autre chose? Si l'on visite aujourd'hui n'importe quel grand musée, force est de constater qu'on **y** trouve beaucoup plus que des galeries d'exposition. C'est un centre polyvalent où l'on peut assister à une conférence, à un concert ou à une projection de film. Les ateliers pour les enfants, les librairies et les boutiques de souvenirs **y** *poussent comme des champignons. À l'aube du XXIème siècle,* le musée est devenu une entreprise et il faut à tout prix **y** attirer la clientèle.

Pour les musées dits de société, par contre, la question ne se pose pas de cette manière-là. Pour eux, il s'agit plutôt de conserver un patrimoine industriel et social, de ne pas perdre le souvenir de ce qui faisait vivre la communauté d'hier, ce qui **en** était la raison d'être, c'est-à-dire ses industries, ses métiers, son histoire. Le musée, c'est un peu *le gardien de la mémoire collective.* Dans ce cas-là, le rôle du musée n'est plus simplement artistique, mais historique et social, même s'il y a souvent un écart entre le rêve et la réalité. Le problème, c'est que des secteurs entiers de la société, *mis aux oubliettes* par la technologie, risquent de devenir des musées.

Activité 62

2 Here are the expressions replaced by pronouns and the effect produced in each case.

cet endroit: (a)

ce nom: (a)

ce musée: (a)

là-bas: (a)

au musée de Villedieu-les-Poêles: (a)

à cet homme: (a)

et: (e)

qu': (d)

de son succès: (a)

ce conservateur: (a)

et ne passe-t-il pas: (e)

notre ami: (a)

à cette émission: (a)

Activité 63

2 You could have answered the questions like this.

(a) *Les deux plateaux* de Buren sont une sculpture constituée de plusieurs rangées de colonnes de hauteur variée, qui sont toutes rayées verticalement en noir et blanc. Situées

3

dans la cour d'Honneur du Palais-Royal, ces colonnes d'une simplicité tout à fait classique s'harmonisent parfaitement avec la façade de l'édifice qui les entoure.

(b) Le Palais-Royal est un bâtiment élégant datant du XVIIème siècle dont la cour d'Honneur est entourée d'une colonnade.

(c) Il paraît que la plupart des Parisiens ont été scandalisés par la décision d'installer les colonnes de Buren dans la cour d'Honneur du Palais-Royal. Les conservateurs en chef s'y sont également opposés, mais Jack Lang, ministre de la Culture à l'époque, n'a pas tenu compte de leur avis et a apporté son soutien personnel au projet.

Activité 64

2 (a) l'actualité artistique
   (b) lieux de spectacles
   (c) grandes expositions
   (d) les filières de formation aux métiers de la culture
   (e) la Francophonie

3 These are the headings which you would consult:
   (a) À votre service
   (b) Réservez pour…
   (c) Actualités et événements
   (d) Visitez les monuments historiques
   (e) Informations artistes
   (f) Tous les programmes
   (g) À votre service
   (h) Commandez les reproductions

Activité 65

2 Here are the notes we have made. How do yours compare?

(a) **description du projet**: 110 m de haut, grand cube de marbre blanc et gris, au centre un nuage de toile, une série d'immeubles bas autour

(b) **son financement**: coût du projet plus de 3,6 milliards de francs (dont 2,5 milliards pour la

Grande Arche), financé par l'État (34%), la Caisse des dépôts et consignations (25%), plusieurs banques et deux compagnies d'assurances

(c) **sa structure**: cadre rigide précontraint, pesant 300 000 tonnes, sur douze piles énormes enfouies à 14 m dans le sol

(d) **les difficultés de la construction**: couler à 100 m de hauteur une dalle de béton qui servira de toit, construire des fenêtres de 9 m², concevoir des ascenseurs panoramiques portés par une tour de 90 m de haut, sous-sol encombré de deux futures voies de l'autoroute A14, de trois tunnels du RER, d'un parking, de l'extrémité de la gare SNCF

(e) **les locataires**: organismes publics dont le ministère de l'Équipement, la Fondation pour les droits de l'homme

(f) **les loyers**: 2 800 F le mètre carré, plus 550 F de charges

3 Here is the full text. The words you should have filled in are in bold.

Un défi **technologique**, ce **grand** cube. Son créateur a voulu, en effet, un monument en béton et non pas une charpente **métallique** recouverte de marbre, d'aluminium et de vitrages. Le cube, **conçu** comme un cadre **rigide** précontraint, appuie ses 300 000 tonnes sur douze piles **énormes**, véritables colonnes de Karnak, **enfouies** à 14 m dans le sol. **Édification** d'autant plus difficile que la Tête Défense est **bâtie** sur un sous-sol **encombré**, avec les deux **futures** voies de l'autoroute A14, les trois tunnels **souterrains** du RER, un parking et l'**extrémité** de la gare SNCF. **Seules** deux lignes **parallèles** à 80 m de distance, légèrement **décalées** de 6° par rapport à l'**axe** historique, échappent à cet écheveau. Elles portent l'Arche et expliquent son aspect '**désaxé**', qui répondrait à celui de la cour **carrée** du Louvre.

Activité 66

Here are two possible answers, which we wrote out in full so that you can see the adjectives in context. The adjectives describing the monument are in bold, those expressing someone's personal feelings are in italics.

Vous aimez la Grande Arche

J'ai toujours refusé de visiter la Grande Arche. Je l'ai vue à la télévision, bien sûr, mais elle m'a paru tellement **laide** que je n'avais aucune envie de la visiter. Alors, la semaine dernière, un de mes amis, très *enthousiaste* et qui travaille à la Défense, m'a proposé de venir la voir. Finalement, j'ai accepté et j'avoue que j'en suis resté(e) *ébloui(e)*. On sort du métro et là, devant soi, **immense**, **bouleversant**, il y a un grand cube évidé de 110 m de haut et capable, dit-on, d'abriter Notre-Dame de Paris. On est *stupéfait(e)*, on n'en revient pas, on est *transporté(e)* tellement il est **imposant**, tellement il remplit le champ de vision. C'est un colosse, tout en marbre **blanc** et **gris**, mais aussi **grande** qu'elle paraisse, cette arche semble **légère**, **pure**, **renforcée** par la grande voile tendue au milieu. On l'aime ou on ne l'aime pas, mais on ne peut pas rester *indifférent(e)* devant cette architecture **simple** et **grandiose**.

Vous n'aimez pas la Grande Arche

Je ne sais pas si tu as visité la Grande Arche mais l'autre jour, j'ai eu la possibilité d'aller la voir en compagnie de deux de mes amis. Là, je peux dire que j'ai été *déçu(e)*! D'abord, il pleuvait, ce qui n'ajoutait rien à l'occasion, et en plus il faisait un vent terrible. Je suis sorti(e) du métro et là devant moi s'élevait cet immense édifice **carré**, une sorte de vaste cube **évidé**, **anonyme**, **inhumain**, **absurde**. Devant, il y a une grande place vide, bordée d'immeubles modernes, et où il n'y a quasiment rien, mais rien! – des marches balayées par le vent. On m'en avait tant parlé comme d'une merveille du monde que je me suis senti(e) *abusé(e)*, *floué(e)*. J'étais complétement *désemparé(e)*, je ne comprenais pas ce que les autres pouvaient bien lui trouver. J'en suis revenu(e) *dégoûté(e)*, *scandalisé(e)* même. La Grande Arche! **Monstrueuse**! On ne m'y reprendra plus!

Activité 67

The English pronouns are in bold.

1 (a) (i) Have the architects thought about **that**?

(ii) They've thought about **them**.

(b) (i) I hadn't noticed (the fact that there are windows).

(English, unlike French, does not always require a pronoun to replace a previously mentioned noun.)

(ii) Passers-by don't even notice **them**.

(c) (i) I don't think I could get used to **it**.

(ii) Parisians are getting used to **him**.

(d) (i) The van Dreft Gallery is devoting an exhibition to **it**.

(ii) The van Dreft Gallery is devoting an exhibition to **him**.

Activité 68

1 (a) (ii)

(b) All three suggestions were true!

You can find all this information in the 'Noms propres' section of *Le petit Larousse illustré*.

2 D'après Jack Lang, en 1990 le marché du cinéma français gagne du terrain par rapport au cinéma américain. Les programmes du 28 mars 1990 reflètent par certains aspects cet optimisme: il y a ce jour-là autant de films nouveaux français qu'américains (si l'on compte une coproduction italo-française).

3 Parmi les films nouveaux de ce jour-là, deux sont français et trois américains. Un plus grand nombre de salles passe des productions américaines.

(This answer can be checked fairly quickly in terms of column inches. Jack Lang may have been over-optimistic in 1990!)

Activité 69

2 This is how you might have analysed the sentences.

Lambert   subject

pompiste de nuit alcoolique et solitaire   phrase describing the subject

venu d'on ne sait où,   second phrase describing the subject

mène   verb

une vie morne   object

3

Une nuit   adverb

il   subject

rencontre   verb

Bensoussan   object

un jeune dealer de drogue   phrase describing the object

seul dans la vie   phrase adding information about the object

et aussi solitaire que Lambert   phrase adding information about the object

Une profonde amitié   subject

qui ressemble aussi aux liens d'un père et d'un fils   relative clause describing the subject

naît   verb

entre les deux paumés   phrase which fulfils the same function as an adverb

3   Your explanation could go something like this.

> The first sentence introduces one of the main characters, Lambert, and provides us with several important details about him in a mere sixteen words: he works as a night garage attendant, he's a lonely alcoholic, nobody knows where he comes from, and he lives a dreary life. The second sentence introduces the other main character, Bensoussan, and again provides some essential information about him: he's a young drug dealer, and is as lonely as Lambert. So, in the first two brief sentences, we discover quite a lot about the two protagonists and realize that they are, for various reasons, outcasts in society. The third sentence establishes the relationship between them: a strong friendship which also has overtones of a father-son relationship. The first three sentences, therefore, have set the scene and the last two briefly introduce the plot of the film: Bensoussan has upset the drug-dealing network for whom he works and is being hunted by two contract killers. In less than eighty words, in which nothing is superfluous, we have learnt all that we need to know in order to gain a very clear idea of what the film is about.

4   This is how you might have written up the film *Force majeure.*

> Philippe, Daniel et Hans se rencontrent par hasard au cours d'une randonnée en Asie du

sud-est. En se séparant, Philippe et Daniel offre à Hans ce qui reste de leur haschisch. Dix-huit mois plus tard, ils apprennent qu'on l'a condamné à mort pour trafic de drogue. Leur témoignage pourrait lui sauver la vie, mais pourrait aussi leur valoir une peine de prison.

Activité 70

2   (a) *l'hémorragie de spectateurs*   the dramatic decline in cinema audiences

(b) *pousser de cocoricos intempestifs*   to boast unduly (*un cocorico* refers to the Gallic cockerel crowing in triumph)

(c) *(avoir) droit de cité*   to be firmly established, to be accepted

(d) *un parc de salles modernes*   a substantial number of modern cinemas

(*parc* is not easy to translate here – it refers to the total number of cinemas in France)

(e) *le solde est légèrement négatif*   there is a slight negative balance

(f) *vivoter*   to struggle along

(g) *le cinéma ne doit pas dépendre totalement des chaînes*   the cinema must not be totally dependent on the television channels

3   (a) The two expressions you should have found, with their translations, are:

où en est-on?   what's the situation now?

j'y vois la conséquence d'une des mesures qui me tiennent le plus à cœur   I see in that the consequence of one of the measures closest to my heart

(b) You might have translated the remaining expressions like this.

(i) *rien n'y fait*   it's no use

(ii) *on n'y peut rien*   there's nothing we can do

(iii) *n'y comptez pas*   don't count on it

(iv) *je n'y suis pour rien*   it's nothing to do with me

(v) *ça y est!*   that's it!

3

(vi) *je n'y comprends rien*   I don't understand a thing

(vii) *j'y suis*   I've got it!

(viii) *ne vous en faites pas*   don't worry (about it)

(ix) *il en va de même pour les arts*   it's the same thing with the arts

(x) *il n'y en a plus*   there isn't/aren't any more

(xi) *j'en ai assez*   I've had enough (of it)

(xii) *qu'en pensez-vous?*   what d'you think (of it)?

(xiii) *je ne lui en veux pas*   I don't hold it against him/her

(xiv) *si j'en avais*   if I had any

4   Here is an example of the notes you could have made.

Le ministère de la Culture:

- a soutenu la rénovation ou la construction de mille salles de cinéma;
- encourage la construction des complexes multisalles;
- consacre une aide financière au tirage des copies pour permettre aux salles de province de recevoir les films en même temps que les cinémas parisiens;
- a classé certaines salles comme monuments historiques;
- a engagé l'opération 'collège au cinéma' pour développer l'enseignement du cinéma;
- a institué des règles pour le financement des films et pour leur diffusion à la télévision.

Activité 71

1   (a) (ii)

(b) (iii)

2   Your notes could be something like this.

(a) repose sur un réseau mondial de distribution puissant; modèle appauvrissant et standardisé; production 'débilitante, peu stimulante'; 'organisation tentaculaire'; colonisation culturelle de la France par le cinéma

américain porte atteinte à 'l'identité nationale'; films américains infusent un venin dans l'esprit des peuples, leur imposent leurs stéréotypes

(b) 'Comité pour l'identité nationale' demande que trois films sur cinq présentés à la TV soient français, que les films américains soient limités à 20% du temps d'antenne, que l'on favorise les cinéastes indépendants

(c) Jack Lang: une riposte et une stratégie (au cinéma américain) doivent être prévues au niveau européen; il reconnaît néanmoins les qualités de l'art cinématographique américain; il retient le principe des quotas jusqu'à la fin des années quatre-vingt; le danger de sa politique réside dans la contradiction entre le protectionnisme culturel et la politique de 'la France, terre d'asile'

3

Nom propre	Adjectif dérivé du nom propre
Hollywood	hollywoodien(ne)
Europe	européen(ne)
Mitterrand	Mitterrandien(ne)
Élysée	Élyséen(ne)

4   (a) Nancéiens

(b) Hyérois

This information was available in *Le petit Larousse illustré*, under the names 'Nancy' and 'Hyères'. Many French dictionaries provide the adjective to describe an inhabitant of a particular town.

Activité 73

2   Here are the English equivalents we have chosen.

(a) *tomber en désuétude*   to fall into disuse

(b) *être comble*   to be full

(c) *être branché*   to be trendy

(d) *être mieux loti*   to be better off

(e) *faire florès*   to enjoy success, be a great success

(f) *prendre en compte*   to take into account

3

(g) *tourner à plein rendement*   to be running at full capacity

(h) *mettre en œuvre*   to implement

3 (a) L'arrivée de Rolf Liebermann à l'Opéra de Paris, et l'arrivée sur le marché de beaucoup de disques lyriques.

(b) Ce sont les places de théâtre où l'on peut très bien entendre ce qui se passe sur la scène mais sans rien voir, ou très peu.

(c) Parce que chaque année à Lyon ou à Toulouse, par exemple, il y a plus de places d'opéra disponibles qu'à Paris.

(d) Selon l'auteur de l'article, on pourrait dire qu'un opéra populaire devrait proposer beaucoup de places à des prix peu élevés et offrir au public un nombre considérable de spectacles.

(e) On pourrait aussi considérer le type de répertoire proposé (ou encore la qualité esthétique des productions).

(f) L'Opéra-Bastille pourrait être considéré comme 'un opéra populaire' en ce qui concerne le nombre de places disponibles et le nombre de spectacles proposés au public, mais il n'est pas sûr que les prix des places soient assez bas.

(g) Le concert inaugural n'était pas ouvert au public, le programme n'était rien qu'une suite de grands airs d'opéras français expédiée à la hâte, et chacune des cantatrices était habillée par un grand couturier parisien.

Activité 74

2 (a) Marc Soustrot

(b) Alain Lombard et Pierre Médecin

(c) Louis Erlo

(d) Henri Maier

3 Your notes could be something like this:

- répertoire ouvert, basé sur la qualité du spectacle

- le directeur doit faire preuve d'imagination, prendre des risques, innover, éviter le star-system tout en accueillant des interprètes de renom

- un opéra qui joue beaucoup et pour un très grand public, qui fonctionne avec une troupe, qui n'est pas cher

- l'opéra populaire doit être accessible à un maximum de gens, avec des prix raisonnables et un répertoire attrayant

- l'opéra est un art populaire, immédiatement compréhensible par le public

Activité 75

2 (a) Il le définit ainsi: l'opéra populaire doit offrir un répertoire ouvert et un spectacle de qualité, doit exciter la curiosité du public et chercher à diversifier son public.

(b) Elle pense qu'un opéra populaire doit jouer plusieurs fois par semaine sans coûter trop cher.

(c) Oui, mais il ajoute qu'il ne doit pas être un opéra au rabais.

(d) Elle insiste sur le fait qu'il faut attirer le public par des campagnes publicitaires appropriées.

Activité 76

1 If you chose to follow our suggestions, here is an example of what your three contributions to the debate might be:

- Il est tout à fait exact que l'opéra est maintenant à la mode. Non seulement il est à la mode, mais il a aussi attiré un public autre que les cercles mondains, un public de plus en plus vaste. À mon avis, il y a deux raisons principales à ce renouveau: d'abord, l'arrivée à l'Opéra de Paris de Rolf Liebermann qui a rétabli le palais Garnier comme un lieu de fête musicale, et deuxièmement, l'explosion du disque lyrique qui a ouvert le monde de l'opéra à un très grand public.

- Oui, je suis tout à fait d'accord. Personnellement, je pense que l'opéra populaire est un opéra qui est accessible à un maximum de gens, et qui présente un répertoire attrayant à des prix raisonnables.

- En ce qui concerne le moyen de créer un opéra populaire, on peut dire que ce n'est pas toujours facile. Il est vrai que monter un

3

opéra coûte cher, même très cher, et si l'on veut que l'opéra soit accessible à un maximum de gens à des prix raisonnables, cela suppose une subvention, soit de l'État, soit d'une grande entreprise qui accepte de parrainer une compagnie ou une production. À mon avis, c'est essentiellement une question financière.

Activité 77

2 (a) La capacité d'un CD-ROM est de/Un CD-ROM peut contenir deux millions de pages de texte.

(b) Le grand *Robert* et l'*Encyclopédie Grolier* sont disponibles.

(c) On est seul parce qu'on n'a pas été formé à ce progrès/parce qu'on ne sait pas bien se servir de ces nouvelles technologies.

(d) Il envisage de nombreuses possibilités, y compris de pouvoir consulter tout ce que l'on a pu écrire, peindre, composer en musique à tout instant et pour pas très cher.

(e) Pour l'auteur, le livre-papier ne sera pas remplacé dans tous ses usages par le livre électronique (en tout cas pas tout de suite!)/ L'auteur pense que les livres-papier survivront car ils compléteront les livres de lumière.

(f) C'est la notion d'hypertexte qui constitue l'avantage principal de ces nouveaux livres/ Ces nouveaux livres ont l'avantage d'être interactifs.

4 Here is the complete dialogue. Your answers are in bold.

LA VENDEUSE   Oui, bonjour. Vous désirez?

VOUS   **Bonjour, je voudrais des renseignements sur les CD-ROM, s'il vous plaît.**

LA VENDEUSE   Certainement. Qu'est-ce que vous voulez comme renseignement?

VOUS   **D'abord, qu'est-ce qu'il faut comme équipement?**

LA VENDEUSE   Vous avez un ordinateur? Bon. D'abord, les CD-ROM ont besoin de mémoire, donc il vous faudra peut-être ajouter quelques barrettes de mémoire.

VOUS   **Je pense que mon ordinateur a déjà assez de mémoire.**

LA VENDEUSE   Bien. Dans ce cas-là, tout ce qu'il vous faut, c'est un lecteur de CD-ROM, une sorte de mange-disques qu'on peut installer dans l'ordinateur s'il y a assez de place, ou à côté s'il n'y en a pas.

VOUS   **Je m'intéresse particulièrement aux ouvrages de référence. Qu'est-ce qui est disponible sur le marché?**

LA VENDEUSE   Eh bien, justement, ce système se prête parfaitement aux ouvrages de référence, donc on peut trouver tous les usuels indispensables, voyez, par exemple le grand *Robert*, l'*Encyclopédie Grolier*, etc.

VOUS   **J'ai lu quelque part que beaucoup de textes littéraires sont disponibles sur CD-ROM.**

LA VENDEUSE   Oui, il y a un grand choix de textes littéraires français et étrangers.

VOUS   **Quel est l'avantage d'un CD-ROM par rapport à un livre imprimé?**

LA VENDEUSE   Le principal atout du CD-ROM, c'est la notion d'hypertexte. On peut demander à la disquette combien de fois un certain mot est présent, combien de fois il est associé à tel autre mot, etc., etc.

VOUS   **Un CD-ROM peut contenir combien de renseignements?**

LA VENDEUSE   C'est extraordinaire. Un CD-ROM peut contenir deux millions de pages de texte.

VOUS   **Donc, mettons, l'œuvre complète de Shakespeare?**

LA VENDEUSE   Tout Shakespeare, et bien plus encore. Toute la littérature latine, de l'Antiquité, tient sur un seul CD-ROM. C'est incroyable.

VOUS   **Oui, c'est incroyable, mais je ne vois pas comment les livres électroniques pourraient remplacer les livres traditionnels.**

LA VENDEUSE   Pas encore, peut-être, mais un jour. Qui sait?

VOUS   **Un livre, je peux en corner la page, écrire dans la marge, le glisser dans une poche pour le lire n'importe où.**

LA VENDEUSE   Oui, c'est vrai. Mais on aura bientôt des livres lumineux, sur de petits écrans de poche, dont on tournera les pages en appuyant sur un bouton. Voilà, je vous donne un catalogue de nos CD-ROM, vous pourrez faire votre choix tranquillement.

VOUS   **Merci beaucoup, je vais y réfléchir.**

3

Activité 78

3 Here is an example of what you might have written. Even if it is quite different from yours, it can still give you ideas for your future writing.

Selon la loi qui vient d'entrer en vigueur, les radios de France sont obligées de diffuser au minimum 40% de chansons francophones. Nous sommes contre une telle décision! La moitié de ce quota doit être consacrée aux nouveaux talents. Comprenons bien: toute chanson qui n'est pas de langue française, même chantée par un chanteur français, est exclue du quota! Les responsables disent qu'ils respectent la spécificité des radios, des artistes et des auditeurs mais c'est tout le contraire qui est vrai! Certaines radios ont progressivement augmenté la part de chanson francophone. Elles sont maintenant à 34%, mais les 40% seront plus difficiles à appliquer. Qu'est-ce qui est disponible sur le marché? Disons-le sans hésitation: les artistes déjà installés. L'offre des maisons de disques est insuffisante et il faudra programmer des artistes déjà installés, ce qui va entraîner l'uniformisation des standards. Abordons maintenant un autre problème: le besoin de diffuser 20% de nouveaux talents. On voudrait nous faire croire que le mot 'nouveau' va forcément avec le mot 'talent'. La jeunesse n'est pas toujours une garantie de qualité artistique, et, disons-le clairement, un premier enregistrement par un groupe de jeunes, ce n'est pas automatiquement une explosion de talent, car il y a très peu de nouveaux talents et la qualité des nouveautés laisse à désirer. Il est plus difficile pour un nouveau talent français de s'imposer que pour un artiste étranger. D'autres radios, avec leur public plus âgé, ont moins de problèmes, il est absurde d'appliquer à toutes les radios les mêmes quotas. En plus, le régime de relevé mensuel empêche pratiquement tout événement spécial consacré à des chanteurs non-francophones. Pour les journalistes de radio comme pour les responsables de programmation, la chanson francophone ne remplacera de toute façon jamais la variété américaine: les deux se complètent. J'ai laissé le plus inquiétant pour la fin: la question que l'on peut se poser, pour qui s'intéresse aux professions en péril, est de savoir si les programmateurs ont encore une raison d'être?

Jeu-test

1 (b); 2 (b); 3 (d); 4 (a); 5 (b); 6 (b); 7 (a); 8 (b); 9 (b); 10 (a); 11 (c); 12 (b); 13 (b); 14 (c); 15 (a).

Acknowledgements

Grateful acknowledgement is made to the following sources for permission to reproduce material in this book:

Text

Page 18: Jacques Prévert, 'Le Message' in *Paroles*, Éditions Gallimard; *page 24:* Labé, Y.-M. (1994) 'La BD pour enfants fait un grand retour au Salon d'Angoulême', *Le Monde*, 27 janvier 1995; *pages 30–1:* 'Un sondage IFOP pour le 21ᵉ Salon d'Angoulême', *Le Monde*, 1 fevrier 1994; *page 32:* Labé, Y.-M. (1994) 'Malaise dans le 7ème art', *Le Monde*, 28 janvier 1994; *page 40:* 'Ce soir, la fête de la Musique', *Ouest-France*, 21 juin 1995; *pages 48, 49:* 'Derniers échos d'une folle soirée', *Ouest-France*, 21 juin 1995; *page 59:* Sayagh, J. (1995) 'Des rappers à l'opéra de Nantes pour la fête de la musique', *Ouest-France*, 21 juin 1995; *page 61:* Gomez, C. (1994) 'Fête de la musique: prenez-en bonne note', *Le Journal du Dimanche*, 19 juin 1994.

Illustrations

Page 3 (i): © 1996. Les éditions Albert René/Goscinny-Uderzo. Le *cadeau de César*, Dargaud; *(ii):* Reproduced by kind permission © 1996 Mirror Group Newspapers Ltd; *(iii):* PEANUTS Character: Charlie Brown © 1950 United Feature Syndicate, Inc.; *(iv):* © Hergé/Moulinsart 1996; *(v):* Superman is a trademark of D. C. Comics © 1996. All rights reserved. Used with permission; *pages 4–5:* '© Dargaud Benelux by Turk /de Groot; *pages 9–10: Kafka* cartoon by Baudoin, produced for the Centre national de la bande dessinée et de l'Image; *pages 11, 13, 15, 17, 19, 21 (bottom), 23, 25 (bottom), 27:* Achille Talon 'L'indispensable Achille Talon' © Dargaud Éditeur, by Greg; *page 20:* © Hergé/Moulinsart 1996; *page 23 (top):* © Hunt Emerson; *page 25 (top):* © Lucky Luke Licensing 1997; *page 35:* © Blake et Mortimer by E. P. Jacobs; *pages 37–8: Frère Boudin dans le Tibia,* courtesy of Mitchell Greg and Claude Marin; *pages 63 and 67:* By kind permission of The Centre Georges Pompidou; *page 64 (right):* © Harlingue-Viollet. Reproduced by permission of Roger-Viollet; *page 65 (left):* Courtesy of Tim Benton; *page 65 (right):* © Lipnitzki-Viollet. Reproduced by permission of Roger-Viollet; *page 75 (left):* © Musée Carnavalet; *page 75 (right):* Reproduced by kind permission of the Raymond Mander and Joe Mitchenson theatre collection; *page 80:* By permission of Opéra National de Paris.

Cartoons on pages 21 (top), 45, 47, 49, 50, 52 and 53 by Gary Rees.

Cover: © Lucky Luke Licensing 1997.

This is one of seven books that make up the Open University course L210 *Mises au point*. A list of the complete set of books is given below.

1 *Temps forts*

2 *France: accueil ou écueil?*

3 *Paysages médiatiques*

4 *La culture dans tous ses états*

5 *Les sciences à l'épreuve*

6 *Dissuader, persuader, gouverner*

7 *Dialogue des cultures*

The seven books, with their accompanying audio-visual materials, are also available separately as packs.